日本の鉄ちゃんにドイツの鉄 提案本

ドイツ保存鉄道

　保　存　鉄　道　　　ブルッフハウゼン　フィルゼン　アーゼンドルフ
Museums-Eisenbahn　Bruchhausen Vilsen-Asendorf

文・写真・イラスト・編集

田中貞夫

星雲社

Deutsche Museumseisenbahnen

目　　次

この旅紀行の使い方 ——————————————— 4〜6

第一章　旅のプレゼンテーション 「旅することは生きること」 ——— 7〜13

　　旅の足跡
　　　ブレーメン近郊とメルヘン街道＆ハルツ山地を走る蒸気機関車

　　　1、思い切って路を変えてみよう。
　　　2、我が人生の生き方はこれだ！
　　　3、人生の目標を気付かされた旅の二つ
　　　　(1)旅することは生きること(Part1)
　　　　　　熟年男と自転車とロマンティック街道
　　　　(2) 旅することは生きること(Part2)
　　　　　　熟年男とフォールディングバイクと蒸気機関車
　　　4、今回もドイツ、皆の笑顔を乗せて保存鉄道は走る。

第二章　訪れた保存鉄道

　　　1、ブレーメンの街中散歩 ——————————— 14〜27
　　　2、モーア・エキスプレス （Moor Express) ——————— 28〜53
　　　　「赤いレールバスと自転車」
　　　　(1)ブレーメン中央駅出発進行！
　　　　(2)旧西ドイツ国鉄 VT98 気動車(レールバス)
　　　　(3)果樹栽培が盛んなアルテスラント
　　　　(4)赤いレールバスでヴォルプスヴェーデへ
　　　　(5)秋晴れのシュターデへ日帰り旅

　　　3、保存軽便鉄道　ヤン・ハルプシュテット —————— 54〜77
　　　　(Historische Kleinbahn Jan-Harpstedt)

　　　4、フェルデン軽便急行鉄道(Verdener Kleinbahnexpress) —— 78〜87

　　　5、ベーメタール軽便鉄道(Böhmetal Kleinbahn) ———— 88〜95

　　　6、保存鉄道　ブルッフハウゼン・フィルゼン-アーゼンドルフ—— 96〜127
　　　　(Museums-Eisenbahn Bruchhausen Vilsen-Asendorf)

7、ミンデン保存鉄道(Museums-Eisenbahn Minden) ──── 128～157

    (1)東方面路線(Minden-Oberstadt～Kleinenbremen)
    (2)西方面路線(Minden-Oberstadt～Hille)
    (3)低床ディーゼル路線(Preußisch Oldendorf～Bohmte)

8、保存鉄道 ラーデン・ウフテ ──── 158～169
  (Museums-Eisenbahn Rahden-Uchte)

9、フェルダーフェライン鉄道(Förderverein Eisenbahn) ── 170～183

10、リッペ州立鉄道(Landeseisenbahn Lippe e.V.) ──── 184～199

11、ハルツ狭軌鉄道(Harzer Schmalspurbahnen) ──── 200～261

    (1)ハルツクヴェーア線(Harzquerbahn):南北縦断線
      ヴェルニゲローデ(Wernigerode)～ノルトハウゼン北(Nordhausen Nord)
    (2)ゼルケタール線(Selketalbahn):東西線
      アイスフェルダー・タールミューレ(Eisfelder Talmühle)～
                          クヴェードリンブルク(Quedlinburg)
    (3)ブロッケン線(Brockenbahn):ブロッケン山へ
      ドライ・アンネン・ホーネ(Drei Annen Hohne)～ブロッケン(Brocken)

12、リューベラント鉄道(Rübelandbahn) ──── 262～283

あとがき ──── 284～285
(株)アトムからのメッセージ ──── 286～287

ホーホシューレ・ハルツ(ハルツ大学)駅 (Wernigerode Hochschule Harz)
ハルツ狭軌鉄道 SL 出発の間際に車が横断も日常茶飯事

この旅紀行の使い方

　本書はドイツの保存鉄道を求めて旅する人のための紀行＆案内ガイドブックです。蒸気機関車やディーゼル機関車、気動車等を追いかけて、ブレーメン州とヴェーザー川に沿ったその周辺の町や魔女の住むハルツ山地を訪れている。乗り鉄・撮り鉄・自転車鉄をしたデータ(2009～2017)をもとに作られています。掲載されている情報は時間の経過と共に内容に変更がありますので、旅立つ前には可能な限り最新情報を収集し、ご自身の責任でご判断のうえ、ご利用ください。

1、旅の足跡と案内情報

観光案内所　カフェ休憩　町中散歩　ブロンプトン自転車　鉄道踏切

2、登場する自転車の仲間達

ヴェーザー川自転車道(Weser-Radweg　約 500 km)
www.weserradweg.de

　ヴェーザー(Weser)川は、ドイツ中部の中低山地から北ドイツの低地へと北に向かって悠々と流れ、北海に注ぐ河川である(フリー百科事典 Wikipedia)。その源流であるヴェラ川とフルダ川とが合流するハン・ミュンデンからネズミ捕りの男で良く知られたハーメルン、ミッテルラント運河と交差する水路ジャンクションのあるミンデンを通る。音楽隊が目指した自由ハンザ都市ブレーメンはハンブルクに次ぐ第二の港町、その街中を流れ、河口に位置しブレーメンとブレーメン州としてひとつの州をなしている港湾貿易港のブレーマーハーフェンで、北海へと流れ込む総延長の約 450 kmの河川である。

　その川沿いにヴェーザー川自転車道として約 500 kmが整備され、川沿いなのでほとんど傾斜がなく、城や教会、木組みの家々、メルヘンや伝説の人物が住む、風景の中に誘い込まれる。ヴェーザー河畔最大の街、ブレーメンを抜け、ヴェーザー川が北海へと流れ込む河口のブレーマーハーフェンは、海の香りが待っている到着点である。私の愛用しているフェアラーク・エスターバオアー(Verlag Esterbauer)社、バイクライン(Bikeline)シリーズの自転車道ガイドブックにルート図が詳細に記載されている。ドイツ観光局ではこのヴェーザー川サイクリングロードは ADFC (全ドイツ自転車クラブ) が選んだ最も人気のあるサイクリングロードの一つであると紹介している。

アラー川自転車道　　　　ミンデン周辺/風車街道　　　トイフェルス湿原からワッデン海へ
（Aller-Radweg）　　　　　（Mühlenroute）　　　　（Vom Teufelsmoor zum Wattenmeer）

3、登場する鉄道の仲間達

1、Moor Express（湿原急行）　　Worpswede 駅
　　モーア　エキスプレス　　　　　　　　ヴォルプスヴェーデ

赤いレールバス(旧西ドイツのシーネンバス)は、グリム童話「ブレーメンの音楽隊」に描かれ、中世にはハンザ同盟の有力都市として栄えた商業都市、今では北西ドイツを代表する大都市ブレーメンを出発。広大なトイフェルス(悪魔)湿原(Teufelsmoor)を走り、エルベ川沿いの、こちらもハンザ同盟で栄えた港町、シュターデまで3時間かけて走る。

2、Förderverein Eisenbahn　　Rinteln-Nord 車庫
　　フェルダーフェライン　鉄　道　　　　リンテルン－北

1950年代のDB(旧西独)が支線用に導入したレールバス(シーネンオムニバス)と呼ばれる小型気動車(動力車 VT98型、制御車 VS98型)が、ヴェーザー川沿いの町リンテルン(Rinteln)からシュタットハーゲン(Stadthagen)までの森の勾配区間、牧草地、点在する田舎を走っている。

3、Historische Kleinbahn Jan-Harpstedt
　　保　存　軽便鉄道　ヤン　ハルプシュテット
　　　　　　　　　　　　　Harpstedt 駅構内作業中
　　　　　　　　　　　　　ハルプシュテット

ブレーメン近郊のデルメンホルスト南(Delmenhorst-Süd)駅からハルプシュテット(Harpstedt)までの22kmをSLが牽引する列車が走る。SL番号1(Lok1)、型式Cn2t、500馬力、1955年Krupp社の製造、ニックネームはヤン・ハルプシュテット。

4、Verdener Kleinbahnexpress　　Stemmen 駅
　　フェルデン　軽便　急行　鉄道　　　　シュテンメン

アラー川がヴェーザー川に合流するフェルデン(Verden)の町からシュテンメン(Stemmen)まで、L型ディーゼルがレトロな客車と貨車を牽引し馬の放牧をしている牧草地を走る。

5、Böhmetal-Kleinbahn　　Hollige West 駅
　　ベーメタール　軽便　鉄道　　　　ホリゲ　西

フェルデン軽便鉄道のお隣に、標準軌道1435mmを600mmの狭軌路線に敷き替えたフェルトバーン風のL型ディーゼルが客車、貨車、オープンデッキ車両を牽引し、緑に囲まれた田舎を走り、癒し系の運行である。

6、Harzer Schmalspurbahnen　　Schierke 駅
　　ハルツ　狭　軌　鉄　道　　　　　シールケ

鉄道ファンの聖地、ハルツ山地のヴェルニゲローデが出発駅、軌道幅1000mmの狭軌蒸気機関車99型は1954年～56年にかけて製造されたハルツ鉄道の主力機種である。急勾配に対応して5軸の動輪が頼もしい。

7、Museums-Eisenbahn Minden-Oberstadt駅
ミンデン保存鉄道は、ヴェーザー川(Weser)とミッテルラント運河(Mittellandkanal)が交差する水運路ジャンクション(Wasserstraßenkreuz)の近くにあるミンデン・オーバーシュタット駅を始発駅に、東と西へと 2 路線、蒸機やディーゼル機関車がレトロな客車を牽引する列車を運行している。

8、Museums-Eisenbahn Minden Bohmte 駅
ミンデン保存鉄道としてもう一つ運行している生き残り路線は、ミンデンの西約 30 kmにあるプロイシシュ・オルデンドルフ(Preußisch Oldendorf)を始発駅に、DB 路線の駅ボームテ(Bohmte)までの区間に、低床式ディーゼル機関車(駅構内の作業用)がノスタルジックな客車を牽引する列車を走らせている。ミッテルラント運河沿いの牧草地や点在する田舎を走る。

9、Museums Eisenbahn Rahden-Uchte Rahden 駅
1950 年代の DB (旧西独)が支線用に導入したレールバス(シーネンオムニブス)と呼ばれる小型気動車(動力車 VT98 型、制御車 VS98 型)が、民営化されたユーロ鉄道(eurobahn)のラーデン駅からウフテ駅まで、牧草地や点在する田舎を走る。路線沿いの春はアスパラガスの収穫時期、春の訪れを感じながらカフェレストランでアスパラガス料理の休憩タイム。

10、Museums-Eisenbahn Bruchhausen Vilsen-Asendorf
ブルッフハウゼン・フィルゼン駅では蒸機とディーゼルカーが接続
蒸機の始発駅ブルッフハウゼン・フィルゼンにはブレーメンからバスで約 1 時間 15 分なので日帰りも可能。アーゼンドルフ行きの蒸機、愛称シュプレーヴァルト(SPREEWALD)が牽引するレトロな列車が待っている。

11、Landeseisenbahn Lippe e.V. Barntrup 駅の近く
笛吹き男の伝説が残る街、ハーメルン(Hameln)から DB 鉄道でアプローチ、バート・ピルモント(Bad Pyrmont)駅でバスに乗り換え、Landes 鉄道のバルントルプ(Barntrup)駅に向かう。旧 Begatalbahn の廃線(休線)路線の内、デーレントルプ(Dörentrup)からバルントルプ(Barntrup)迄の区間 9.6 kmと旧 Extertalbahn の廃線(休線)路線の内、バルントルプ(Barntrup)からベージングフェルト(Bösingfelt)迄の区間(電化)11.1 kmを保存鉄道として、蒸気機関車やディーゼル機関車が牽引するノスタルジックな列車を運行している。

12、Rübelandbahn Rübeland 駅横の踏切
ハルツ地方にはヴェルニゲローデから東へ約 13 km、ブランケンブルク(Blankenburg)の町にも蒸機が走るリューベラント鉄道(Rübelandbahn)がある。この鉄道のもう一つの目玉は沿線に石灰工場があり、その輸送に私鉄の貨物物流会社(hvle)の長い貨物列車がホッパー車を連結し、前後に電気機関車を配置し、プッシュプルスタイルで勾配区間を走るのが見られるのだ。

第1章　旅することは生きること

旅のプレゼンテーション

蒸機愛称：シュプレーヴァルト（SPREEWALD）

Museums-Eisenbahn Bruchhausen Vilsen-Asendorf
保　存　鉄　道　ブルッフハウゼン　フィルゼン　アーゼンドルフ

　旅のタイトルは「ドイツ保存鉄道の旅」、ロマンティックな旅を求めて、ロマンティック街道、マイン川、ヴェーザー川、エルベ川等の自転車道を、英国生まれの愛車ブロンプトンと二人で始めたサイクリング旅。旅の途中、行く先々で遠くから聞こえる蒸機の汽笛、煙、ドラフト音に出会うことになる。SL は子供の頃の懐かしい昔を、私達に思い出させてくれると同時に、力強いその姿は、私達に生きる勇気をも与えてくれる。

　このことがきっかけで、保存鉄道 SL の追いかけを始め、路線沿いを走り、自称「自転車鉄」に夢中になる。蒸気機関車の宝庫であるザクセン州やハルツ山地を走るハルツ狭軌鉄道では定期運行されているのが嬉しい。田舎町では地域の活性化に貢献している保存鉄道の蒸機やディーゼル機関車、レールバス等が大切に保存されている。その特別運行日にはボランティアスタッフが車両をピカピカに磨き、私達を迎えてくれる。今では、そんな保存鉄道の魅力に嵌っている。

　今回の保存鉄道旅は、主にブレーメン州とニーダーザクセン州、メルヘン街道とヴェーザー川が流れる周辺の町々で、特別運行日に運転される鉄道や、鉄道ファンの聖地とも言われるハルツ山地を駆け巡る蒸機について紹介したい。

ブレーメン近郊とメルヘン街道＆ハルツ山地を走る蒸気機関車

訪れた保存鉄道

①モーアエキスプレス(Moor Express)
②軽便鉄道ヤン・ハルプシュテット
　　　　　(Kleinbahn Jan-Harpstedt)
③フェルデン軽便急行鉄道
　　　　　(Verdener Kleinbahnexpress)
④ベーメタール軽便鉄道
　　　　　(Böhmetal Kleinbahn)
⑤保存鉄道ブルッフハウゼン・フィルゼン-アーゼンドルフ　(Museums-Eisenbahn Bruchhausen Vilsen- Asendorf)
⑥ホーヤ鉄道(Hoyaer Eisenbahn)
⑦ミンデン保存鉄道　ミンデン～ヒレ、ミンデン～クラ

イネンブレーメン　(Museumseisenbahn Minden)
⑧ミンデン保存鉄道　プロイシシュ・オルデンドルフ～ボームテ　(Museumseisenbahn Minden)
⑨保存鉄道　ラーデン～ウフテ
　　　　　(Museums Eisenbahn Rahden-Uchte)
⑩フェルダーフェライン鉄道
　　　　　(Förderverein Eisenbahn)
⑪リッペ州立鉄道 (Landeseisenbahn Lippe)
⑫ハルツ狭軌鉄道
　　　　　(Harzer Schmalspurbahnen)
　南北縦断線、東西横断線、ブロッケン線
⑬リューベラント鉄道 (Rübelandbahn)

1、思い切って路を変えてみよう。

　60歳定年を迎え、ここで考えたこと、仕事は前向きに努力してきたのでもういいか、自分にご苦労さんと言ってあげたい。「今までの幾十年よりも今からの十年の方が大切である。」思い切って路を変えて見よう。人生は一回しかないぞ！　と機械プラントエンジニアリング分野から180度転換し、趣味であった自転車・鉄道・カメラという三つのベクトルを組み合わせると旅という一つのジャンルが見えてきた。そうだ、「旅にでかけよう、子供の頃の自分、原点に戻って見よう。きっとまた新たな魅力が待っているに違いない」そう予感していた。

ドナウヴェルト　一面のタンポポ畑

自転車旅の楽しみはランチタイム

　ノイシュヴァンシュタイン城（白鳥城）のあるフュッセンから、フランケンワインの産地、マイン川沿いの町ヴュルツブルク迄の約450km、皆さん良くご存じのロマンティック街道を旅したときの途中のこと。ロマンティック街道とドナウ川が交差する川沿いの町ドナウヴェルトを走り抜けたとき、牧草地には黄色一面のタンポポ畑に出会った時の感激は忘れられない。このことがきっかけで、このタンポポの黄色に魅せられ、毎年4月から5月に訪れることになる。

2、我が人生の生き方はこれだ！

　定年退職後には折り畳み自転車を日本から持参し、ロマンティック街道やマイン川、エルベ川、ヴェーザー川沿いを走ることに夢中になり、ロマンティックな旅の出会いを求めて、自分を見つめ直す旅として自転車旅を開始した。　世代柄か、ロマンティックと言う言葉がやけに魅力的に響いていた。　自転車で巡る旅はさらにロマンティックであるに違いない、そう予感していた。
　走る途中、訪れたザクセン州で、今なお走る蒸気機関車に出会い、機関士や車掌、作業員の愛着ある仕事への取組みと笑顔に接することになる。
　蒸機の煙やドラフト音、汽笛は懐かしい昔を私達に思い出させてくれる。　また、第二の人生を頑張っている蒸機のその姿は、私達に生きる勇気をも与えてくれる。　そんな魅力ある「蒸気機関車旅」に出かけて見よう！
　この出会いがきっかけで、ドイツ各地で運行されている蒸気機関車の追いかけという分野も新たに加え、子供の頃に帰ることで、ふと気づかされたのは予感通り、「旅することは生きること」という人生の目標が見つかった。
　その時に撮影したお気に入りの写真（表紙）は、ドイツ/ノルトライン・ヴェストファーレン州、オランダとの国境近くを走るゼルフカント鉄道（Selfkantbahn）、機関士二人の表情はとびっきりの笑顔、出発前のひとコマである。

かの有名な童話詩人 "アンデルセン" が書いた詩の一節
「旅することは生きること」

保存鉄道の運行には、ボランティアの若者達が活躍しているのだ！
Museums-Eisenbahn
ブルッフハウゼン・フィルゼン(Bruchhausen Vilsen) - アーゼンドルフ(Asendorf)

3、人生の目標を気付かされた旅の二つ

(1) 熟年男と自転車とロマンティック街道

　旅することは生きること‥‥‥かの有名な童話詩人、アンデルセンが書いた詩の一節である。アンデルセンの作品はすべて自身の体験に基づいていると言われるが、挫折を繰り返した人生だったはずなのに、この詩では生きる喜びが実に力強く描写されている。確かに旅を体験したことで何かを見いだし、これが人生の大きな転機となったという話を幾度となく聞いてきた。

　長い仕事中心の生活を終え、それまで出来なかった一人旅に出かけ、そこで 60 歳を超えて初めて「人生とは何か」という問いの答えに出逢うこともある。　私が巡った南ドイツ・ロマンティック街道の旅の軌跡が、そう教えてくれている。

一つ目は
熟年男と自転車と
ロマンティック街道

エクスレ保存鉄道（Öchsle Schmalspurbahn）

(2) 熟年男とフォールディングバイクと蒸気機関車

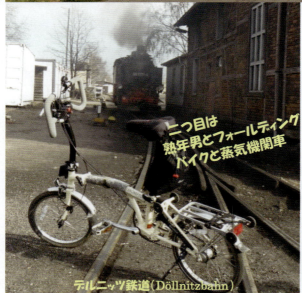

二つ目は
熟年男とフォールディング
バイクと蒸気機関車

　現役時代に訪れたことのあるドイツ、「ロマンティック街道」という言葉の響きに惹かれ旅して以降、その魅力に嵌まる。　その後、さらにエスカレート、熟年男の旅のパートナー、愛車ブロンプトンを従え、今もたびたびドイツを訪れている。　なぜなら、同じ場所でも訪れるたびに新たな発見、その都度違った魅力を感じるのが旅。

　私にとって旅はもはや趣味ではなくなっている。　これからもずっと続く、"旅への挑戦"の方がふさわしい。

テルニッツ鉄道（Döllnitzbahn）

4、今回もドイツ、皆の笑顔を乗せて保存鉄道は走る。
ノスタルジックな客車を牽引する蒸気機関車(Dampflokomotive)、ディーゼル機関車(Diesellokomotive)やレトロなレールバス(Schienenbus)を訪ねる旅である。

　グリム童話「ブレーメンの音楽隊」が目指した自由都市ブレーメンとその周辺、メルヘン街道を流れるヴェーザー川沿いの田舎町には、鉄道を愛するボランティア団体、協会、愛好会等が歴史的な車両を保存しているところが多くある。　静態保存だけでなく動態保存をし、ボランティアスタッフによる車両の維持管理や整備を行い、保存鉄道として運行をしている。

　季節運行となるが、4月から10月頃までの特別運転日（土曜、日曜、祝祭日）には家族連れや夫婦、若いカップル、鉄ちゃん等を乗せ、乗客と路線沿いの住民は互いに手を振り合い、笑顔いっぱいの一日となる。

　ドイツの保存鉄道と鉄道博物館は、全州を合わせると約 250 か所もある。ドイツ保存鉄道時刻表 Kursbuch der deutschen Museums-Eisenbahnen (Verlag Uhle ＆ Kleimann 発行)には全州の鉄道と博物館が紹介されている。 2009 年にロマンティック街道の自転車旅の途中、バイエルン州ネルトリンゲンにあるバイエルン鉄道博物館に立ち寄った時に売店で購入したのが最初で、もう 7 冊となった。

　この時刻表は優れもので田舎のローカルな保存鉄道まで網羅されていて、運行の時期、タイムテーブル、運賃、ホームページとメール等の連絡先が詳細に記載されている。　趣味の自転車、カメラ、鉄道のベクトルを組み合わせると旅というキーワードがひらめき、今では蒸気機関車の追いかけ旅に夢中となっているのは、この出会いがあったからこそである。

　2009 年以降も毎年出かけるたびに鉄道博物館、保存鉄道の駅や車内の売店、駅構内の本屋さん（鉄道関連雑誌コーナ）で探すのが楽しみとなっている。

　紹介する自由ハンザ都市ブレーメン（ブレーメン州）とニーザーザクセン州のエリアだけでも、ドイツ保存鉄道時刻表によると、大小合わせて約 30 か所の保存鉄道や博物館がある。 季節運行で 1～2 回/月の特別運行、週末の土曜と日曜、祝祭日に限られ、訪れるのもスケジュールのやりくりが大変である。

　今回は、休線（廃線）を活用し旧路線がよみがえり、地域の活性化に貢献している保存鉄道に的を絞り訪問した。　ノスタルジックな車両を牽引する蒸機やディーゼル機関車やレトロなディーゼル気動車（レールバス）がトコトコ走る路線は、昔の子供の頃にタイムスリップでき癒されることうけ合いである。　さあ、皆の笑顔を乗せて田舎を走る鉄道に会いに行こう。　きっと私も笑顔になるに違いない。出発進行！

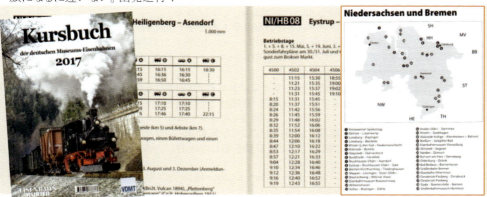

ドイツ保存鉄道時刻表　Kursbuch der deutschen Museums-Eisenbahnen (Verlag Uhle ＆ Kleimann 発行)

第2章 訪れた保存鉄道

1、ブレーメンの街中散歩

ブレーメンの音楽隊が目指した旅

ブレーメン音楽隊の像

ブレーメン(Bremen)はドイツ北西部にあるブレーメン州の州都、自由ハンザ都市ブレーメンとも呼ばれる人口約55万の大都市である。 8世紀頃からヴェーザー川沿いに交通の要所として栄え1358年にはハンザ同盟に加盟、勢力を伸ばし自由都市として発展し、商業・工業都市となった。 第2次世界大戦では街の大半が壊滅的な被害を受けたが再建、復興した旧市街のマルクト広場は当時の姿によみがえったのである。 その街のシンボルが英雄ローラント像、市庁舎の建物と共に世界遺産に指定されている。

　ブレーメンの街、マルクト広場にはメルヘン街道の終点となるモニュメント、グリム童話でよく知られたブレーメンの音楽隊、ろば・犬・ねこ・にわとりの像がある。 グリム童話はドイツのヤーコプ・グリムとヴィルヘルム・グリムという仲の良い兄弟が昔のおとぎ話を子供やその家族にも喜ばれるように表現を変えて作り上げたものである。

　飼い主から捨てられたり、食料にされようとしたりと醜い仕打ちを受けたロバがブレーメンに行って音楽隊に入ろうと旅する途中、同じ境遇のイヌ、ネコ、ニワトリに出会い、それならと一緒にブレーメンを目指した。 森の中で泥棒の家に出くわしたのがきっかけで、一致協力して泥棒を追い出し、動物達はその家がすっかり気に入って、新しい生活を始めたのである。 従って、ブレーメンには到着していないが・・・、まあ良いかこれも人生。

　私もブレーメンを目指して旅を続けることで人生の目標を探しているのかも知れない。 ノスタルジックな蒸気機関車やレールバス、保存鉄道の旅は私のメロー人生の始発駅。 私もブレーメンがすっかり気に入り、居座ってしまいそうな気がしてならない。

　今回はブレーメンの宿をベースにした日帰りや1泊2日の旅、行っては帰る「桜の花びらスタイル」である。 旅のキーワードは保存鉄道、ブレーメンの周辺には蒸機やディーゼル機関車がノスタルジックな客車を牽引して走る保存鉄道やレトロなレールバス(ディーゼル気動車)がトコトコ走る路線が多くあり、春と秋に訪れた。

　廃線(休線)となった路線を活用し、ザクセン王立鉄道時代の蒸機を復活させ、白い蒸気や黒い煙、車窓からはその香り風が懐かしい匂いを届けてくれ、ドラフト音や心地よい振動も私達を子供の頃にタイムスリップさせてくれる。 又、戦後のドイツではローカル線の近代化に貢献したレールバス、設計思想はバスを線路上に走らせたような気動車、プワーンという警笛を鳴らしながら皆の笑顔を乗せて田舎を走る様は、こちらも私達を癒しの世界にと導いてくれる。 こんな保存鉄道に惹かれ、幾度か訪れることになる。

　蒸機やレールバスがメロー人生を頑張っている姿に接し、ふと気が付くと、「旅することは生きること」という人生の目標を見つけていた。

　さあ、ブレーメンの街散歩に出かけよう。 新しい発見と出会いが待っているに違いない。

自由ハンザ都市ブレーメンのシンボル
ローラント像と市庁舎 トラムが走る！

ローラント像はハンザ自由都市としての権利と平和を保障する盾を掲げている。 市庁舎は15世紀初頭のゴシック風煉瓦建築、広場に面する正面のファサードは17世紀に増築されたルネッサンス様式。

人、路面電車、自転車が仲良く共存しているマルクト広場

なんと、ケーキはフォークを刺して出てくる！

ブレーメン街中にある風車カフェ
（Kaffee Mühle）

15

「ユーゲントヘルベルゲ・ブレーメン」
(Jugendherberge)

ホテル「ドイチェ・アイヒ(Hotel Deutsche Eiche)」

www.hotel-deutsche-eiche-hb.de
ホテル「ドイチェ・アイヒェ」へ
Kopernikusstraße
コペルニクス通り
トラム停留所下車

トラムNo.4系統

DB
ハノーファー
Hannoverへ

シュノーア地区
Schnoor Viertel
15〜16世紀からの旧市街
手工芸職人の住居、今では
木組みの家や路地には手
作り工芸品の店やカフェレ
ストランが軒を連ねる

トラムNo.10系統

河川敷芝生公園

渡し船乗り場
ビヤガーデン
カフェ

www.fdbs.net
(オープン：第2日曜日/毎月)

路面電車博物館へ
Sebaldsbrück
セーバルツブリュック
トラム停留所下車

ブレーメンの宿でお勧めなのが、旧市街ヴェーザー川沿いにある「ユーゲントヘルベルゲ・ブレーメン」(Jugendherberge：ユースホステル)、ドミトリー (4〜5人の相部屋) はちょっと、という方はシングルルームを予約しよう。日本ユースホステル協会のホームページ(www.jyh.or.jp/)から海外の予約もできる。インターネットが不慣れの方は直接協会に電話して予約もできる。但し、事前にユースホステル会員証を取得する(宿泊時に提示)必要があるので、一般財団法人日本ユースホステル協会(TEL:03-5738-0546)に問い合わせて手続きが必要となる。

マルクト広場や世界遺産のローラント像や市庁舎へは近く、カフェテラスやレストランの続く川畔沿いを散歩しながらブレーメンっ子の仲間入りができるぞ。カップルなら夕焼け時が良い。

もう一つは、ブレーメン中央駅から路面電車に乗ろう。トラム(No.4系統)で約20分、コペルニクス通り(Kopernikusstraße)停留所で下車すると、目の前にあるホテル「ドイチェ・アイヒェ」(Hotel Deutsche Eiche)、郊外の静かな住宅地にある。ホテルではレンタル自転車(無料)も借りることができるようだ。

市庁舎前をトラムは走る

マルクト広場のローラント像・市庁舎・大聖堂　トラムは走る！

ローラント像の傍をトラムは走る

"ブレーメンの日向ぼっこ"
ブレーメンの街を流れるヴェーザー河畔は癒し系
夕日の影が人それぞれの人生模様！

ヴェーザー川に沿った遊歩道　ジョギング＆自転車は走る！

悠々と流れるヴェーザー川は北海に！
遊歩道走る仲間達
夕日の影が美しい

19

マルクト広場、聖ペトリ大聖堂(St.Petri Dom)前での夕暮れ、皆は思い思いのスタイル

夕焼け時には、ロマンティックな金色の夕日が教会やヴェーザー川沿いの遊歩道に射し込み、
皆は思い思いのスタイルで過ごせる癒しの空間がある
夕日の影が幻想的で、今日一日の日常生活の締めくくりとなる

ヴェーザー川沿いの遊歩道の夕暮れ

ブレーメン中央駅から マルクト広場、シュノーア地区
散歩歩き方

中央駅構内にある **i** 案内所で資料収集、外に出て右側のドイツ自転車クラブが運営している自転車ステーション(ADFC Radstation)に立ち寄り、地図を購入。 正面のトラムが走るバーンホーフ通り、賑やかなゼーケ通りに入り進むとマルクト広場に着く。

世界遺産のローラント像や市庁舎、ブレーメンの音楽隊の像、ロバの足を触ると幸せになるようだ。 中世の街並みを再現したベットヒャー通りを覗いてみよう。 次に、マルクト広場の南隣にあるシュノーア地区には石畳の狭い道に木組みの家、路地には所狭しと、手作り工芸品の店が並び、昔は手工芸職人たちの住居地区だったのだ。

駅構内の案内所
自転車ステーション
ゼーケ通り(Sögestraße)
ベットヒャー通り(Böttcherstraße)
マルクト広場(Marktplatz)
マルクト広場案内所

河川に沿った遊歩道

ビヤガーデン
Bürgerhaus
Weserterrassen eV

ヴェーザー川はブレーメンの街中を悠々と流れ、50 km先の貿易港ブレーマーハーフェンで北海へと注ぐ。川沿いにはオープンテラス席のある洒落たカフェやレストラン、芝生公園、自転車道や歩行者専用道が整備され、市民の憩いの場となっている。渡し舟があり、対岸に渡ると樹木に囲まれた緑いっぱいの中を散歩できる。週末、土曜と日曜日には賑やかとなる。

河畔沿いの遊歩道

シュノーア地区(Schnoorviertel)

23

河川敷の芝生公園へ

9月、秋晴れのブルースカイに恵まれた。河川敷の芝生では皆日光浴が人気である。サイクリング道や遊歩道が通り、ブレーメンっ子は健康いっぱい。渡し舟で対岸に渡り、ヴェーザー川自転車道を走るのだろう。こんな日に一日のんびりと過ごすのは贅沢だろうか。夕日の差し込むヴェーザー河畔は魅力的、市民の憩いの場になっている。

河川敷の芝生公園 ビヤガーデンから撮影

夕日に映えるヴェーザー川

ヴェーザー川は港町の雰囲気と河川敷のエリアは市民の憩いの場

猫と僕の夕焼け

渡し船は大盛況

対岸の自転車道を走るそうだ

ブレーメン中央駅

No.10系統

ブレーメンの路面電車は走る！
市民の生活に溶け込んでいる。

No.10系統　トラム軌道の横に自転車レーン

正面は世界遺産の市庁舎

EelebnisCARD Bremen
ブレーメンの街「トラム三昧の一日」

　鉄道好きならトラムに乗ろうよ、ブレーメン中央駅構内の　i　インフォーメーション案内所で「Erlebnis CARD」を購入しよう。 ブレーメン市内のトラムやバスに乗り放題のチケットで、1日・2日・3日用の3種類がある。今回はお気に入りのホテル「ドイチェ・アイヒェ」(Hotel Deutsche Eiche)にはNo.4系統で、Das Depot Straßenbahnmuseum（路面電車博物館）にはNo.10系統に乗車した。

　尚、路面電車博物館の営業は第 2 日曜日/毎月、11:00～17:00 となる。
　www.bremen-tourismus.de/das-depot

No.10 系統は下町を走る

No.4 系統　風車の傍を走る

27

2、モーア・エキスプレス "Moor Express"
赤いレールバスと自転車
(1)中世の頃、ハンザ同盟で栄えた北欧の香りがするシュターデへ
(2)緑いっぱい癒しの音楽家村、ヴォルプスヴェーデを見つけたぞ
(3)シュターデのお隣、「アルテスラント」林檎の里を自転車散歩

　赤いレールバス（旧西ドイツのシーネンブス）はブレーメンの音楽隊でよく知られたブレーメンから、13世紀にハンザ同盟で栄えたエルベ川沿いの港町、シュターデへ、約3時間で走っている。　旧西ドイツのシーネンブスが保存鉄道として、メロー人生を頑張っているのを見て、定年組の私も勇気をもらい、トコトコ走る鉄道旅の魅力に嵌まり、幾度と訪れることになったのである。　その名前は"モーア・エキスプレス"、湿原・荒野・原野を走る急行という意味、湿原急行というロマンティックでノスタルジックな赤いレールバスの旅が楽しめる。

　トコトコと約3時間、鉄ちゃんにとっては乗りがいのあるお得な鉄道の旅である。　ガタンゴトンでなく、2軸タイプなのでガタン…ガタンの心地良い振動、何と枕バネが空気ばねを採用しているので、乗り心地が良いのが体感できるのである。

　終着駅シュターデの隣にアルテスラント(Altes Land)という果樹栽培の盛んな地域があり、自転車道が果樹園の中を走る。　ドイツでは自転車マークのある車両にそのまま自転車を積み込めるのだ。　走ろう！　と思いついたら即実行、ブレーメンの街をハブ基地（宿泊地）にし、"赤いレールバスと自転車"の日帰り旅にしよう。

　「旅も仕事も同じで、経験が大切」、一度経験すれば必ず二度目は大手を振って旅や仕事ができるのを、ビジネスマン時代から良く理解している。　会社の若手に何時も言っていたことだが、この言葉、自分でもお気に入りの言葉のひとつで、だからこそ私も旅に出る。

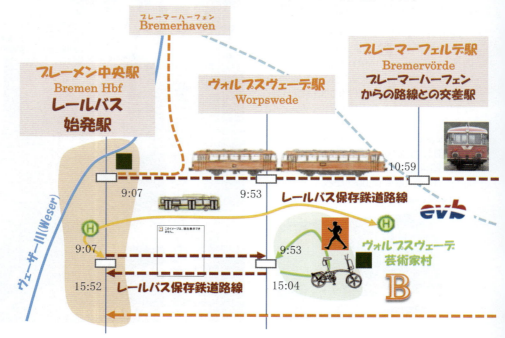

モーアエキスプレス "Moor Express" 湿原急行
ブレーメン(Bremen)〜シュターデ(Stade)
"EVB" エルベ・ヴェーザー鉄道交通会社
Eisenbahnen und Verkehrsbetriebe Elbe-Weser GmbH

ヴォルプスヴェーデ駅(Worpswede)踏切からシュターデ行き

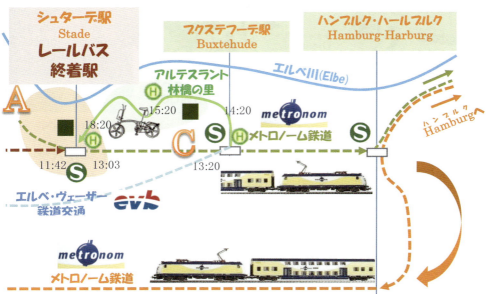

ブレーメンから日帰り赤いレールバスの旅
"Moor Express"（モーアエキスプレス）でトコトコとシュターデ(Stade)へ
シュターデの隣にアルテスラント(Altes Land)という果樹栽培の盛んな地域がある

夏期の運行日は、4月1日から10月4日迄の土曜日と日曜日、5月には1日（メーデー）/14日（キリスト昇天祭）/25日（聖霊降臨祭月曜日）の祝日にも走るのだ。
　　この期間の毎土曜日と日曜日に定期運転されるのが嬉しい！

　Moor Express のホームページで、夏期レールバスの運行について事前に調べている。予約しないで乗れるのか心配であったが、何のことはない乗車して車掌さんから購入すれば良いのだ。
　但し、駅のホームで待っている乗客の動きを見ながら私もつられて乗車、安心料としてスタッフに挨拶と予約していないがOKかと必ず聞くようにしている。何事も挨拶が肝心で、その後急に親しくなったりで、うまく事が運ぶ。これがノウハウである。

(www.moorexpress.de)

　ブレーメン中央駅からブレーマーハーフェン方面の幹線路線を、列車運行ダイヤの合間をぬってレトロな赤いレールバスがMAXスピードの時速90kmで疾走する。車輪が2軸の貨車タイプ、戦後の西ドイツが製造したシーネンブスと呼ばれるローカル線用の小型ディーゼル気動車である。足回りを覗くと、軸バネは重ね板バネ方式、車体の荷重を受ける台車枠の四隅に設置された枕ばねに空気ばね（当初のシリーズはコイルばね）を採用しているので、乗り心地がすこぶる良いのである。

　途中駅、オスターホルツ・シャルムベック(Osterholz-Scharmbeck)を過ぎると急にペースダウン、ポイントの分岐から道床に草の生えたローカルな路線にトコトコとプアーンという警笛音を鳴らし、新緑の緑が美しい樹木のトンネルに入って行く。広々とした平原、牧草地を走り、終着シュターデ駅へ約2時間45分のレトロでロマンティックな旅に出逢えた。

　乗換、民営化されたメトロノーム鉄道のプッシュプル列車、派手な塗装のダブルデッカー2階建て列車でブクステフーゼ駅下車。アルテスラントの林檎畑ポタリングを楽しみ、帰りもシュターデからハンブルク・ハールブルクで乗り換え、またまたメトロノームでブレーメン着。

メトロノーム鉄道のパンフレット（路線図）

31

（１）ブレーメン中央駅出発進行！
雨模様、そんなことへっちゃらの車内

　ブレーメン中央駅 9 番線 9:07 発、シュターデ行きの赤いレールバス(EVB82223)、"Moor Express"モーアエキスプレスは、ディーゼルエンジン音を吹かしながら警笛を「プワーン」と静かに 9 番線を発車。 隣の 8 番線には民営化されたメトロノーム鉄道のプッシュプルタイプ、ハンブルク行きダブルデッカー2 階建て列車が停車中。 運転士はホームにいる DB 職員に自慢そうに挨拶を交わす。

　ブレーマーハーフェンへの DB 幹線路線を最高速度の 90 km/h（気動車の仕様）で途中の保存鉄道専用路線の分岐まで、まだまだ現役と誇らしげに走り抜けメロー人生を謳歌している。 2軸の足回りなのに乗り心地がすこぶる良いのは空気ばねを採用しているようだ。 レトロなレールバス、ドイツの鉄道技術は凄い、車体の外装はアルミニウム合金。

　途中のヴォルプスヴェーデ駅でツアー客が乗り込み3両編成の先頭車両は満席となる。 ツアーコンダクターの夫婦と車窓から撮影したばかりのほかほかの自慢写真を見せ合いし、

ブレーメン中央駅　出発進行！
幹線路線から分岐
新緑のトンネルへ
ブレーメン中央駅　9番線に入線

広大な牧草地、湿原、古びた橋梁
旧廃線をトコトコ走る保存鉄道路線の旅

菜の花畑
ツアー客で満席
錆びた橋梁を渡る

意気投合。御主人はライカ製のカメラを、私はルミックス FZ1000、パナソニックはライカ製のズームレンズ（光学 28〜600㎜、電子 600〜800㎜）を組み込んでいるのを知っていて話が弾み、握手。こんな出逢いがあるので旅って素晴らしい。

33

(2) 旧西ドイツ国鉄 VT98 気動車
シーネンブス (Schienenbus)

1950年代、シーネンブス（レールバス）は旧西ドイツ国鉄のローカル支線における旅客列車として開発導入された。2軸式の小型ディーゼル気動車である。気動車VT95型、付随車VB142型は合計約1000両が量産され、それまで蒸気機関車が牽引する旅客列車から順次置き換え、近代化を進めていた。

この気動車VT95型には80.9〜110KWのディーゼルエンジン1基を搭載、輸送量に応じて重連もしくは付随車VB142型を牽引した最大4両編成での運行であった。

1953年からは輸送旅客の増大に伴い、ホイルベース（軸距）を4500㎜から6000㎜に延長し、エンジン馬力を96.5〜110KW×2基に増やした気動車VT98型335両（試作機含む）、制御車VS98型310両、付随車VB98型320両が新たに製造された。最大6両までの統括制御が可能な編成としている。（引用：フリー百科事典 Wikipedia）

ここブレーメンからシュターデ間の"Moor Express"は気動車＋付随車＋制御車の3両編成と気動車＋自転車用貨車＋制御車の3両編成、二種の編成パターンで運行している。時間帯によっては2軸タイプのレールバスでなく、ボギー台車の旧型ディーゼル列車となるので注意してほしい。乗車したブレーメン 9:07 始発は3両編成で中間の付随車は自転車専用のトレーラ車両となり（VT169＋VB118＋VS117）、時間帯によっては中間に自転車専用の貨車を連結した編成パターンもある。（VT168＋G558 貨車＋VS116）

ちなみに、Moor Express で運行しているのは MAN 社製の BR-796 シリーズ、気動車 VT168 と 169 は 1962年製造、150PS×2基のディーゼルエンジンを搭載、重量 20.7t、最高速度 90 km/h の仕様である。

特徴としては、車体はアルミニウム合金 1.5㎜厚の外板、1.0㎜厚の屋根板をリベット止めにした軽量車体、変速機は電磁クラッチにより切り替える方式なので、運転台の変速ハンドルを回し速度を容易に変えられ、流体継手を

3両編成の中間車両は付随車 VB118

中間車両は自転車専用

採用しているので統括制御が可能となっている。前面の顔は丸みを帯び、曲面ガラス採用、ブレーキ装置は空気、手動、渦電流ブレーキの3種を組み込み、空気ばねやディスクブレーキを採用している。この時代でのドイツ鉄道技術の高さが感じられる。

製造総数、約2000両以上が量産されたが、役目を終え、現在では営業運行されていない。しかし、ドイツ各地で保存鉄道として特別運行し、メロー人生を謳歌しているのには勇気をもらう。そんなレールバスの虜になり、追いかけ旅することに生きがいを感じている。

スピードダウンし小さな橋梁を慎重に渡る。

中間車両に乗車のブロンプトン

Gnarrenburg駅で上り下りの交換
3両編成：気動車VT168＋貨車G558＋制御車VS116

なぜ、アルテスラントに惹かれるのか····

　それは現役時、ハンブルクから仕事の休日を利用しシュターデを訪れた時、観光案内所 🛈 で赤い林檎のパンフレットが目に付き、ヨーロッパ最大の果樹園があることを知った。

　隣町のヨルク(Jork)には果樹栽培の盛んなアルテスラント(Altes Lannd)という地域があるそうだ。果樹園の周辺には自転車道があり、何時かは私の彼女、ブロンプトンと一緒に赤い林檎の収穫期、秋に林檎果樹園を駆け抜けて見ようと暖めていたのである。

　今回の目的は赤いレールバスの乗車体験、本番の秋でなく春の5月、この時期林檎の木は薄ピンク色の白い花が咲きほこる。アルテスラントの果樹園を駆け抜け、花の香り風とエルベ川の風を思いっきり受けて、ドイツの春を感じてみよう。

(3) 果樹栽培が盛んなアルテスラント

アルテスラント(Altes Land)地方サイクリング　約30km、6時間
ブクステフーデ(Buxtehude)〜シュターデ(Stade)、エルベ川自転車道に合流

二人に有難うと、日本からの土産、日本柄布製のコースターをプレゼント ダンケシェーン！

ヨルクで休憩 道端のパラソルが開いたオープンカフェでカプチーノタイム 案内所で地図入手

アルテスラント地図

歴史ある木組みの農家が続き、畑には林檎の木が整然と植えられた果樹園のオンパレードの道　散歩に最適

サイクリング中の若い男女に道を聞くと、僕たちもヨルクに行くから後をついてきてと誘われた。仲の良い二人の後をおじさんトコトコと

綺麗な町並みと橋からはエステ川の流れは美しい

道を間違いロスタイム

道を間違いロスタイム

アルテスラント果樹園
12:20 ブクステフーデ駅下車

Buxtehude駅

13:20 サイクリング出発
ブクステフーゼ Buxtehude

出発

ハンブルクへ

37

愛称 "メトロノーム"　メトロノーム鉄道会社 (metronom Eisenbahngesellschaft mbH)

ドイツでは経営改善の一環として、幹線以外のローカル支線を上下分離方式（列車と路線を別会社）での民営化を進めている。北海に面するクックスハーフェン、ハンザ同盟で栄え今も大港湾都市のハンブルク、ブレーメンの音楽隊でよく知れたブレーメン、2000年の万博が開催されたハノーファー、メルヘン街道の町であるゲッティゲン等を繋ぐ6路線に、近郊列車を運営する民営企業、メトロノーム鉄道会社が新たに設立されている。

赤・白のDB標準塗装から化粧直しをし、派手な黄色・青・白のカラーリングを施したダブルデッカー2階建プッシュプル列車を走らせているのだ。おまけに色だけでなく素晴らしいデザインの絵柄をペインティングし、目立つこと請け合いである。愛称はメトロノーム。

この旅でシュターデからブレーメンに帰るには、モーアエキスプレスの最終便は車庫のあるブレーマーフェルデ駅止まりなので、シュターゼ駅から"メトロノーム"に乗り、途中ハンブルク・ハールブルク駅でまたまた"メトロノーム"に乗り換え、ブレーメンに帰ったのである。

38

デザインとカラーリングのオンパレード

ブレーメン中央駅
ハンブルク行きメトロノーム

(4) 赤いレールバスでヴォルプスヴェーデ
ブレーメン近郊の田舎町へ日帰りお出かけ

あいにくの雨模様だが皆なんのその、自転車をそのまま積み込みブレーメン中央駅を9:07 出発進行。 隣のホームにはハンブルクHbf 行きのメトロノーム鉄道のダブルデッカー2階建てプッシュプル列車が入線停車中。

雨降る中を走り小さなアーチ橋梁を渡り湿原、広大な平原を進むと右車窓に風車、ほどなく樹木に囲まれたヴォルプスヴェーデ駅に9:53 到着。 小ぶりの雨だが皆気にしない。

森の散歩道や緑に囲まれた芸術の田舎町ヴォルプスヴェーデ(Worpswede)は、先日このレールバスでシュターデに輪行した時、乗り合わせたツアーコンダクターの夫婦から教えてもらった情報。 何か感ずるところがあり、スケジュールをやりくりし訪れたのである。

駅舎はレストランとなり、二人ならリッチな食事ができそうだが一人旅はパス。 駅前には案内地図があるので助かる。 小雨降る中、路線沿いに車窓から見えた風車見物である。 その心は風車とレールバスのコラボ撮影であったが緑に囲まれているので変更。 踏切を渡り広々とした牧草地から次の 11:05 頃通過のブレーメン行き列車を狙おう。 小雨降る中、木の下で雨宿りをしながら待つこと数十分、来たぞ。 吃驚、赤いレールバスでなくボギー台車の旧型標準ディーゼル 2 両編成であった。 しかし、貴重な写真を撮影したぞ。

ブレーメン中央駅 Hbf 8 番線

車内は皆お上品で行儀が良い

ヴォルプスヴェーデ駅にある案内掲示

ハンブルクからのメトロノーム到着

運転席はコンパクトで計器配置は素晴らしい

VT169 の運転台は機能的でコンパクト、中央のハンドルが 6 段変速機のレバー、操作パネルの左横には逆転レバー、右横にはブレーキハンドルが配置されている。 ワイパーに注目してみると、モータの回転をクランクとリンク装置で往復運動に変えワイパー軸に伝えているのだ。 まるでおもちゃの模型であるが感心し、凄いぞ、赤いレールバス。

ヴォルプスヴェーデ駅到着、雨でもへっちゃら、さあサイクリングの始まり！
Worpswede
芸術の田舎町

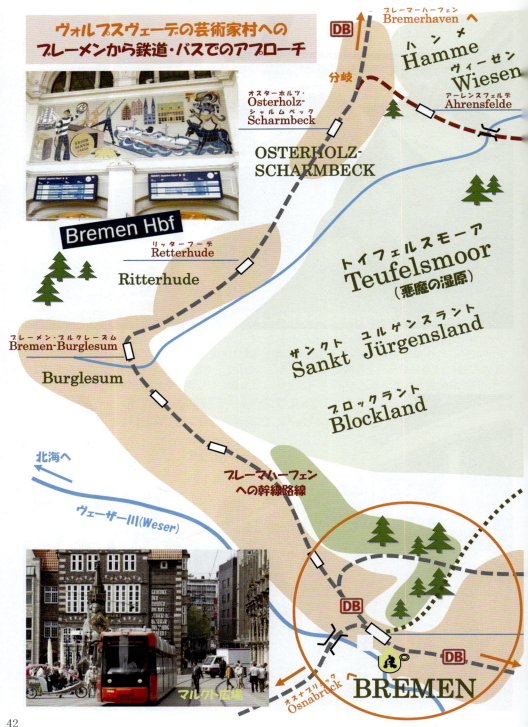

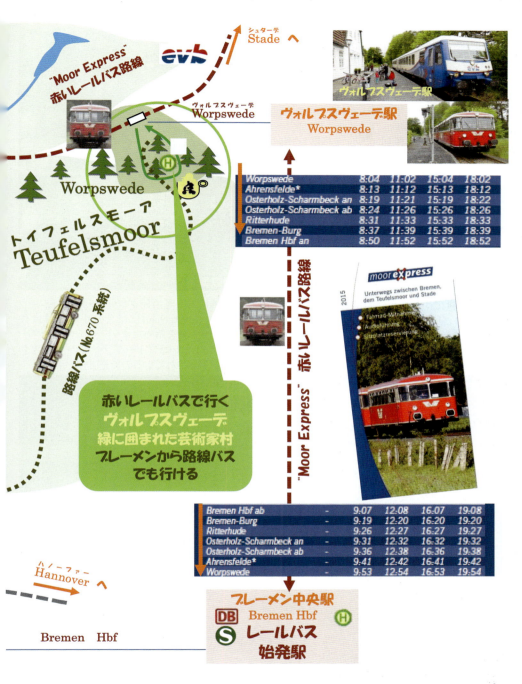

芸術家村 Worpswede (ヴォルプスヴェーデ)

4 市庁舎

9 森の散歩道

ヴォルプスヴェーデ駅、踏切から南へ、バーンホーフ通り(Bahnhofstr.)を進むと緑の中に市庁舎(Rathaus)、左の道を行くとバス停留所のある道路に出る。この田舎町へのアプローチにブレーメンからのバス利用も便利である。横断し、町のメイン通りであるベルク通り(Bergstr.)を進むと、華やかな田舎町のプロムナードが出現する。

案内所があり、入ると何と田舎町とは思えないくらい芸術的な香りのするインフォーメーションである。周辺の森には歩行者専用の散歩道が整備され、森林浴ウオーキングし、樹木から発散されるフィトンチッドを感じてみよう。

ここはブレーメンから東に 15 kmぐらいのところにある芸術家村なのだ。周囲10数キロに渡り、湿地帯が広がる。1889 年、二人の青年画家がこの小さな村に住み、共同生活をし、絵画や彫刻などの創作活動を始めたことがきっかけで芸術家が移り住み、芸術家村として世間に知られるようになった。案内所の近くには、緑に囲まれたカフェ・ヴォルプスヴェーデ(Kaffe Worpswede)とその隣にある美術館グローセ・クンストシャウ(Große Kunstschau)にはこの小さな村に住み、製作活動を始めたオットー・モーダーゾーンやハインリッヒ・フォーゲラー等の芸術家の作品が展示されているので是非訪れたい。

3 牧草地の撮影ポイント

1 ヴォルプスヴェーゼ駅の踏切でシュターデ行き赤いレールバスを見送る

ヴォルプスヴェーデ駅から約 1.0 kmと近く、ウオーキングか、私の場合は自転車でアプローチである。　ブレーメン中央駅からバス(No.670系統)でも良い。　芸術家のアトリエ、美術館、カフェやレストラン、ブティック、小物雑貨店が多くあり、木漏れ日のさす森の散歩道と店巡り、ちょっとリッチに身も心も洗い流し、癒される空間がここにある。　今日、帰りの列車まで時間の余裕があったので、目を付けていた駅舎のレストラン(Worpsweder Bahnhof)でカプチーノ＆チーズケーキタイム。　一人でもOKだ！　奥は二人で食事するのに最適である。

案内所前の広場では朝市

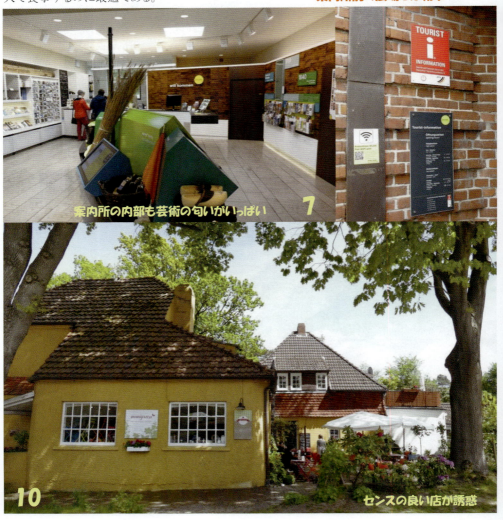

案内所の内部も芸術の匂いがいっぱい

センスの良い店が誘惑

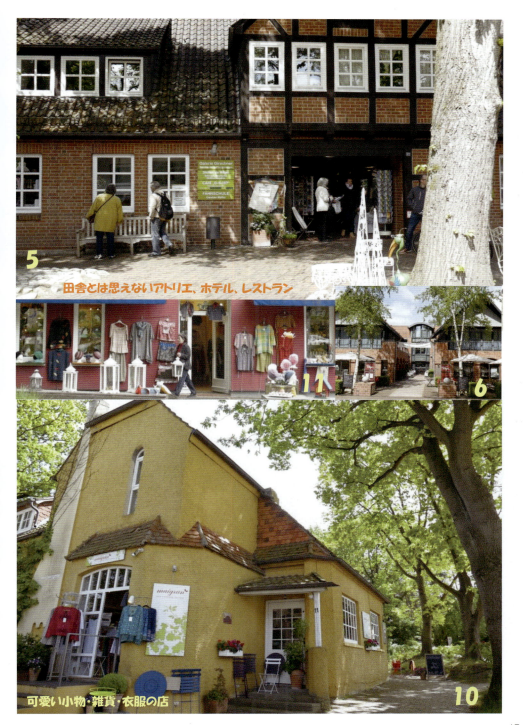

さあ、ブレーメンに帰ろう！
1案：赤いレールバス　2案：バス（No.670系統）

670	Worpswede - Lilienthal - Bremen		57	59	Sonn- und Feiertag 61	63	65	67	69
	Worpswede, Abzw. Bahnhof		09:00	11:30	13:30	15:10	17:30	19:30	21:50
	Worpswede, Jugendherberge		09:01	11:31	13:31	15:11	17:31	19:31	21:51
	Linie 640 - Bremervörde, Bahnhof	ab	....	10:31	....	....	16:31	....	....
	Linie 640 - Gnarrenburg, Mitte		....	11:07	....	....	17:07	....	....
	Linie 640 - Worpswede, Insel	an	....	11:31	....	....	17:31	....	....
	Worpswede, Insel		**09:03**	**11:33**	**13:33**	**15:13**	**17:33**	**19:33**	**21:52**
	Worpswede, Hemberg		09:05	11:35	13:35	15:15	17:35	19:35	21:53
	Worpswede, Hörenberg		09:07	11:37	13:37	15:17	17:37	19:37	21:54
	Worpswede, Ostendorf		09:08	11:38	13:38	15:18	17:38	19:38	21:55
	Worpswede, Hinterm Berg		09:10	11:39	13:39	15:19	17:39	19:39	21:56
	Lilienthal, Westerwede		09:11	11:41	13:41	15:21	17:41	19:41	21:57
	Lilienthal, Lüninghausen		09:12	11:42	13:42	15:22	17:42	19:42	21:58
	Lilienthal, Niels-Stensen-Hau..						17:43	19:43	21:59
	Lilienthal-Worphausen, Moor..						17:44	19:44	22:01
	Lilienthal-Worphausen, Abzw.						17:46	19:46	22:02
	Lilienthal, Falkenberg						17:49	19:49	22:04
	Lilienthal-Trupermoor, Weiß..						17:51	19:51	22:06
	Lilienthal-Trupermoor, Marien..						17:52	19:52	22:07
	Lilienthal-Moorhausen, Beim..						17:55	19:55	22:09
	Lilienthal-Moorhausen, Kloster..						17:56	19:56	22:10
	Lilienthal, Klinik						17:57	19:57	22:11
	Lilienthal, Dr.-Sasse-Straße						17:59	19:59	22:12
	Lilienthal, Feldhausen						18:01	20:01	22:14
	Bremen, Borgfeld		09:34	12:04	14:04	15:44	18:04	20:04	22:17
	Bremen, Am Lehester Deich		09:36	12:06	14:06	15:46	18:06	20:06	22:19
	Bremen, Kopernikusstraße		09:39	12:09	14:09	15:49	18:09	20:09	22:22
	Bremen, Hochschulring		09:41	12:11	14:11	15:51	18:11	20:11	22:24
	Bremen, Universität/NW 1		09:44	12:14	14:14	15:54	18:14	20:14	22:27
	Bremen, Blumenthalstraße		09:50	12:20	14:20	15:59	18:20	20:20	22:33
	Bremen, Hauptbahnhof		**09:52**	**12:22**	**14:22**	**16:02**	**18:22**	**20:22**	**22:35**

= Niederflurbus

エルベ・ヴェーザー鉄道交通会社　www.evb-elve-weser.de

ヴォルプスヴェーデからブレーメンに帰るには二つの交通手段がある。一つは路線バス（No.670系統）、緑の樹木に囲まれたフィンドルフ通り（Findorffstraße）にあるインゼル（Insel）バス停留所からブレーメン中央駅行きがある。土曜・日曜でも約2時間おきに運行している。

もう一つは当然レールバス、シュターデからの列車となり、ヴォルプスヴェーデ（Worpswede）駅 8:04, 11:05, 15:04, 18:05 発の4本ある。（特別運行日の土曜と日曜）

路線No.670系統
ブレーメン行きのインゼル（Insel）バス停留所　　フィンドルフ通り（Findorffstr.）

48

シュターデからの赤いレールバスが到着。　先頭の車両には子供連れのお母さん。　息子は鉄ちゃん候補生の様で運転席横の特等席に陣取り、前方を見つめながらかぶりつきである。　夕方時は太陽光が斜めに差し込み、逆光で眩しい。
　保存鉄道の単線から複線の幹線路線に入る前に一時停止、運転士は無線で信号所に連絡し信号を青にポイントを切り替えてもらうのだ。

特等席に陣取りかぶりつき

帰りのレールバス先頭

やってきたのは赤いレールバス
さあ帰ろう！ウォルプスヴェーデ駅

49

（5）秋晴れブルースカイの日帰り旅
ブレーメンから赤いレールバスでシュターデへ

シュターデはハンブルクから西に約45 km、エルベ川の下流にあり、ニーダーザクセン州に属する。13世紀初めにはハンザ同盟の港町として栄えた過去の栄光が感じられる旧市街の明るい街並み、旧港の周囲にはパラソルが開いたオープンカフェがいっぱいである。

通常のアプローチはハンブルク中央駅からは民営化された私鉄メトロノームかSバーンで約1時間。しかし今回は約3時間の乗車時間。ブレーメン中央駅から鉄ちゃんにとってはちょっと乗りがいのあるロマンティック＆ノスタルジックな赤いレールバス、湿原急行"モーアエキスプレス(Moor Express)"で訪れた。

日本では折り畳むか分解し、輪行袋に入れて列車に乗るのが規則だが、ドイツでは自転車マークの付いている車両には自転車丸ごと積み込めるのだ。但し、自転車用の切符を購入する必要のある路線と無料の路線がある。車掌が検札に来た時にバイシクルチケット必要かどうか聞き、必要ならその場で購入している。駅のチケットカウンターで乗車券を購入するときには、ヘルメットを被ってサイクリストなりのウエアであれば、バイシクルチケットが必要か聞いてくるので、YES！である。私の相棒の彼女はフォールディングバイクの"ブロンプトン"。簡単に折り畳めるのだが郷に入っては郷に従えなのだ。何時もドイツ旅では自転車をそのまま積み込むことを楽しみにしているが、こんなに楽ちんなのかと感心しきりである。

ちなみに以前、ドイツ旅でDBの車掌さんが教えてくれたこと、「折り畳んで手で持てる状態であれば、自転車マークのない普通車両にカバーをしなくて持ち込んでよい」とのことである。

この赤いレールバスを運営しているのは略称"EVB"、エルベ・ヴェーザー鉄道交通会社(Eisenbahnen und Verkehrsbetriebe Elbe-Weser GmbH)、北海に面するクックスハーフェン(Cuxhaven)からエルベ川河口のブレーマーハーフェン(Bremerhaven)、ブレーマーフェルデ(Bremervörde)を経由しシュターデの隣町ブクステフーデ(Buxtehude)迄のローカル路線を白・青・黄色で目立つカラーリング塗装の新型ディーゼルを走らせている。

ホームページ www.evb-elbe-weser.de

13世紀ハンザ同盟で栄えた要塞都市
旧港町Stade(シュターデ)は素晴らしい！

　シュターデの旧市街は駅から濠にかかるハンゼ橋(Hansebrücke)を渡り、自転車は押し歩き、歩行者天国となっているホルツ通り(Holzstr.)からセンスの良い店が並び誘惑されるプロムナード。 ヘーカー通り(Hökerstr.)に進むと、スウェーデン風の雰囲気が漂う街並み、建築群と旧港、黒い木製のクレーンが見える。クレーンの前にある運河はハンザ時代の港、ハンゼハーフェン(Hansehafen)である。

　ここはエルベ川の支流であるシュビンゲ川(Schwinge)から水を引いた水濠(Burgraben)に囲まれた要塞都市、1645年〜1717年にはスウェーデンの支配下に置かれたことから、北欧の雰囲気があるのも、うなずける。 1659年には大火に見舞われ町の大半が焼失、今の美しい街並みは大火災後の17世紀のものである。

　運河沿いの北側にある道ヴァッサー・ウエスト(Wasser West)を歩くとスウェーデン倉庫博物館、案内所 i がある。見どころはクレーンの向かい側に魚を買う女性の像(Frau mit den Fischen)はシュターデのシンボル。 ここはかつてのフィッシュマルクト(Fischmarkt)である。 このハンザハーフェンの周りは絵画のように美しく、カフェのオープンテラス席で丸一日カプチーノタイムと洒落こもう。

旧港のハンザハーフェン絵画の一コマ

観光案内所

旧港周辺はハンザ時代の港、ハンザハーフェン

かつての魚市場フィッシュマルクト

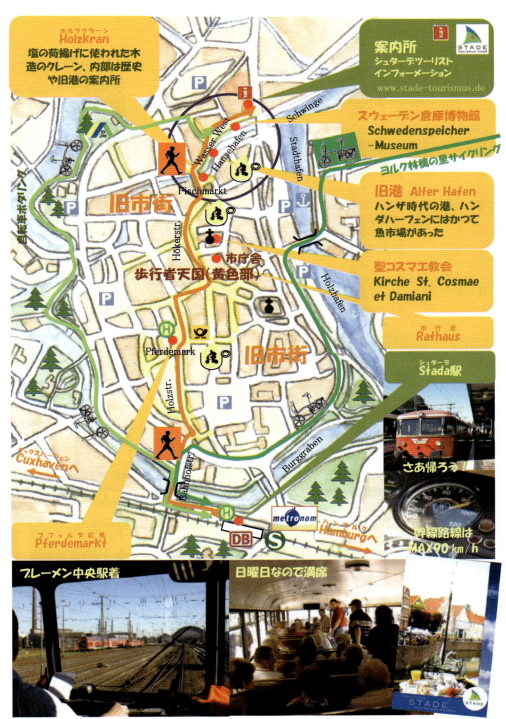

3、保存軽便鉄道　ヤン・ハルプシュテット
Historische Kleinbahn Jan-Harpstedt
ハルプシュテット(Harpstadt)〜デルメンホルスト(Delmenhorst)

　ブレーメン中央駅(Bremen Hbf)から Nord-West Bahn に乗車し約15分、ドイツ鉄道DBのデルメンホルスト(Delmenhorst)駅に着く。駅から数分歩いたところにヤン・ハルプシュテット(Jan-Harpstedt)保存鉄道の駅、デルメンホルスト南(Delmenhorst-Süd)がある。路線はDBのデルメンホルスト駅ではなく、ブレーメン方面にカーブを描いて繋がっている。このデルメンホルスト南駅は折り返し駅で、22 km南に位置するハルプシュテット(Harpstadt)が車庫のある始発駅、自然豊かで町中には風車や教会のある田舎町である。

　夏期の運行として、蒸機は5月から9月までの1〜2回/月、10月の1回/月はディーゼル気動車の運行となる。冬期は1月から3月まで、ディーゼル気動車の運行はあるが、土曜と日曜日に予約のみの貸し切り運行となるようだ。

　始発駅のあるハルプシュテットに前泊するなら、アプローチは乗る時間帯によるが、ブレーメンから路線バスで直行便(226系統)、又はトラム(1系統)に乗り Roland-Center で路線バス(227系統)に乗り換え、どちらも約1時間で行ける。(ドイツ鉄道のホームページ www.bahn.de で検索可)

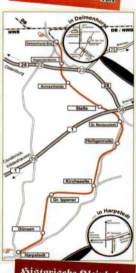

　2011年、私は折り畳み自転車を持参なので、ブレーメン中央駅から鉄道でジーケ(Syke)駅へ、約30 km走りハルプシュテットに前泊。運行日の翌日、朝靄の自然いっぱいの自転車道を駆け抜けヴィルデスハウゼン(Wildeshausen)へ、案内所 🛈 に寄り、DBのヴィルデスハウゼン駅からブレーメンに戻った。自転車マークのある車両に自転車を丸ごと積み込み、隣にはベビーカーの主婦も乗車した。車内での体験談だが、てっきり検札かなと思ってチケットを見せるとどうやら違うようだ。小太りの女性車掌がカメラマンを引き連れ、雑誌の取材をしているので写真を撮らせて欲しいとのこと、日本人が珍しい

2017年度

のかいろいろと質問された。 ベビーカーのお母さんにもお願いしていた。

　2017 年度も同様、蒸機と新たにディーゼルカーが活躍するので、「ヤン・ハルプシュテット」に会いに行った。 しかし当日、デルメンホルスト南駅でハルプシュテットからの始発列車を待っていると、蒸機ではなくてなんと珍しい、ディーゼルカーが客車を牽引し入線してくるではないか。

運行日の前日ハルプシュテットHarpstedt駅

明日は特別運行日、前日の夕方にハルプシュテット（Harpstadt）駅を訪れると、ディーゼルと貨車が！ あれ、蒸機ではないのかな。立て看板には 9:00,13:10,17:30 の3列車の運行があり、列車には食堂車が連結されるらしい。自由に持ち帰れるパンフレットも置かれている

Historische Kleinbahn „Jan Harpstedt" Fahrplan 2011

← Fahrzeughalle

Museumsdampfzug- und Triebwagenfahrten auf der Strecke Harpstedt – Delmenhorst-Süd (Grüne Straße)

Sommerfahrplan (Dampfzüge)

1. und 15. Mai; 2. und 12. Juni;
3. und 17. Juli; 7. und 21. August;
4. und 25. September;
9. Oktober 2011 (Triebwagen)

Zug-Nr.		km	1	3	5
Harpstedt	ab	0	9.00	13.10	17.30
Dünsen		3	9.06	13.17	17.37
Gr. Ippener		6	9.13	13.25	17.45
Kirchseelte		9	9.22	13.35	17.55
Heiligenrode		12	9.30	13.44	18.04
Gr. Mackenstedt		14	9.35	13.50	18.10
Stelle		16	9.41	13.57	18.
Annenheide		19	9.47	14.04	1
Hasporterdamm		21	9.51	14.	2
Delmenhorst-Süd	an	22	10.04	14.	1

Zug-Nr.		km			6
Delmenhorst-Süd	ab		10.	14.30	18.55
Hasporterdamm		1	10.	14.34	18.58
Annenheide		3	10.39	14.39	19.02
Stelle		6	10.46	14.46	19.08
Gr. Mackenstedt		8	10.54	14.54	19.15
Heiligenrode		10	11.00	15.00	19.20
Kirchseelte		13	11.09	15.09	18.28
Gr. Ippener		16	11.19	15.19	19.37
Dünsen		19	11.26	15.26	19.43
Harpstedt	an	22	11.33	15.33	19.50

Winterfahrplan (Triebwagen)

7. Januar bis 11. März 2012
Reservierung erforderlich!!!
T 91/92 verkehren nur sonntags
T 93/94 verkehren nur sonnabends

Historische Kleinbahn „Jan Harpstedt" Fahrplan 2011

	km	T 91	T 93
	0	9.40	13.40
	3	9.46	13.46
	6	9.54	13.54
	9	10.02	14.02
	12	10.09	14.09
	14	10.15	14.15
	16	10.20	14.20
	19	10.26	14.26
	21	10.30	14.30
	22	10.35	14.35

	km	T 92	T 94
	0	11.00	15.00
	1	11.03	15.03
	3	11.07	15.10
	6	11.13	15.16
	8	11.19	15.22
	10	11.25	15.28
	13	11.32	15.35
	16	11.41	15.44
	19	11.47	15.50
	22	11.53	15.56

55

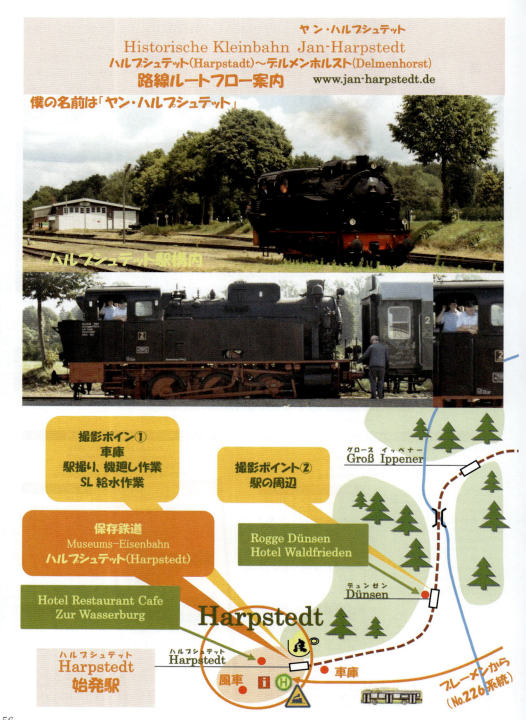

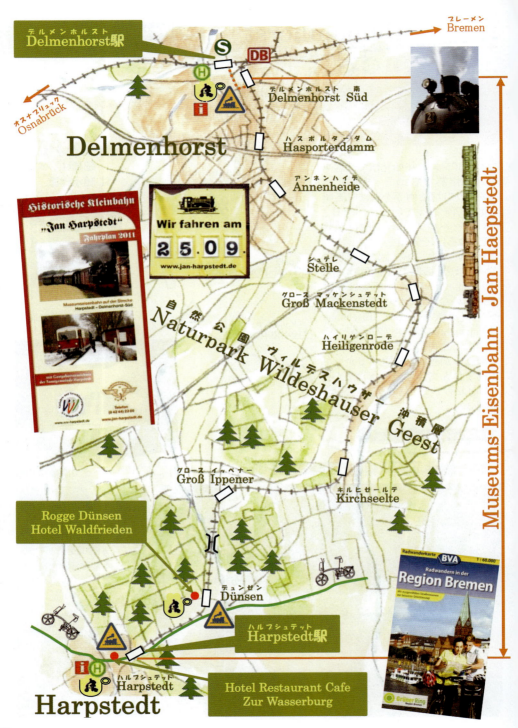

僕のニックネームは「ヤン・ハルプシュテット」、ファーストネイムは"ヤン"男の子、
ファミリーネイムは車庫のある地名ハルプシュテット、良い名前だろう。よろしく！

1、保存鉄道の運営

　保存軽便鉄道「Jan-Harpstedt」を運営しているのは、社団法人 Delmenhorst-Harpstedt 鉄道愛好会(Die Delmenhorst-Harpstedter Eisenbahnfreunde e.V)である。 1976 年 2 月 20 日に設立し、目的はこの路線に保存鉄道を運行すること、歴史的に価値のある旧車両を確保し、動態保存として走行可能な状態に整備することであった。

　1978 年から保存軽便鉄道「Jan Harpstedt」の運営を行っている。 最初にディーゼル駆動車(DHE の T121)とレトロな客車を導入。 1992 年には Delmenhorst-Harpstedt 間で念願の蒸気機関車の運行も開始した。

　今では、歴史的な旧型車両の総数は、機関車や客車、保線用車両等を含めて 31 両の世帯となった。 愛好会はボランティアにより運営され、車両の維持管理や蒸機やディーゼル気動車の運行を行うと同時に、この鉄道の歴史を調査、資料として保存も行ってきた。

　50 年代末、あるいは 60 年代初頭、ローカルな田舎で典型的であった北ドイツの軽便鉄道の復元、駅舎の建物や設備についても同様に取り組んでいく様である。

2、路線について

　路線幅は標準軌道(1435mm)、総延長距離は 22 km、SL は約 1 時間かけて走る。始発駅はハルプシュテット(Harpstedt)、車庫があり蒸機やディーゼル気動車が格納されている。 ドイツ鉄道の駅、デルメンホルスト(Delmenhorst)迄の路線は繋がっている様だが、手前のデルメンホルスト南(Delmenhorst Süd)が終着折り返し駅となっている。

この路線の周辺は Wildeshauser Geest と呼ばれる沖積層が広がり、森や牧草地、湿地帯のある緑豊かな地域、自転車やハイキングのコースが整備され、自然を体験できる。

　始発駅はハルプシュテットの町外れにあり、出発すると直ぐに森の中に入って行く。 最初の停車駅はデュンゼン(Dünsen)、駅前にオープンテラス席で食事ができるホテルがあり、この駅で乗車する客が多い。 森を抜け大きく右にカーブするとグロース・イッペナー(Groß Ippener)駅、牧草地の中を走り今度は左に大きくカーブするとキルヒゼルテ(Kirchseelte)駅、緑に囲まれた田舎である。 ここからが点在している田舎を走り、高速道路を潜るとデルメンホルスト(Delmenhorst)の街へと入って行く。 ブレーメン Hbf から鉄道で約 15 分と近く、ブレーメンの近隣都市である。

ハルプシュテット駅　保線用ディーゼルと貨車を屋外展示

今日は歴史ある軽便鉄道 SL の特別運行日
「SL ヤン・ハルプシュテット(Jan-Harpstedt)」に会いに行こう！

朝早くからハルプシュテット(Harpstedt)始発駅に出向くと、まだ蒸機の姿が見えない。 居るのは鉄ちゃんらしき人と私のみであったが出発時刻が近づくと乗客が集まり始める。 車庫の方から汽笛と煙が、客車を押しながら入線した SL はすぐに客車を切り離し、今度は貨車の入れ替え作業を開始。 鉄道ファンサービスのようである。

自転車は専用貨車に積み込むのだが、サイクリングに出かけるといっても自転車はいつも自宅で買い物に使用している自転車で、特別なサイクリング仕様ではないところが羨ましい。 ドイツ人は普段のままサイクリングを楽しみ、それが何時もの生活に自然と溶け込んでいるのが素晴らしい。

客車は朝日を浴びてボディーカラーの緑色が良く似合う。 なんと車軸は三軸の板バネ方式なのだが、カーブがうまく曲がれるのか心配である。 ガタン・ゴトンではなくて、ガタ・ガタ・ガタのサウンドが見ものである。

ハルプシュテット駅 朝の一番列車が入線、最後尾に自転車専用貨車が連結されていて、積み込みには車掌さんが手伝ってくれるので助かる

ファンサービスの貨車入れ替え作業

普段の家乗り自転車でサイクリング

3軸タイプの客車ってあるのだ！不思議発見

満席でハルプシュテット駅を出発
途中駅デュンゼン(Dünsen)でも多くの乗客が乗り込んできた！

　ハルプシュテット駅9:00発のSL列車は満員の乗客を乗せ、折り返し終着駅のデルメンホルスト南(Delmenhorst-Süd)迄、22 kmを約1時間で走る。　最初の停車駅はデュンゼン、SLは出発して直ぐ左にカーブして、緑いっぱいの森の中に入って行くがその駅前に「Rogge Dünsen Hotel Waldfrieden」(旧名称：Landhotel Rogge Dünsen)というホテルがある。　最近改装リニューアルし、ホテル名も新しくなった。

　この駅で乗り降りする客が多いがその理由がよく解った。　駅の路線横に駐車場があるのと、ホテルに泊まり、白いパラソルの開いたサンテラスで食事を楽しみ、隣接する森の散歩やサイクリングをすることで、身も心もリフレッシュできる。　ウオーキング＆サイクリング族や宿泊客がこの駅で、SL"ヤン・ハルプシュテット"に乗車するからなのだ。

　こちらのホテル、週末と特に特別運行日の前日は予約がなかなか取れないのほど人気があるようだ。　ホテル前のオープンテラス席から食事をしながら、追っかけなくても SL が目の前を走るのが見られるので、お勧めの宿№1 である。(ホームページ www.echtrogge.de 参照)

Rogge Dünsen Hotel Waldfrieden
ホームページ

デュンゼン(Dünsen)駅前にある
「Rogge Dünsen Hotel Waldfrieden」

朝の優しい木漏れ日が気持ち良いデュンゼン駅、多くの乗客が乗り込んできた。 サイクリストは自転車丸ごとを専用貨車に積み込むのだが、車掌さんやスタッフが手伝ってくれる。
　笛を吹く車掌さん、力強いその響きは鉄道の運行に携われるボランティアの仕事に、愛着を持っていることが伝わってくる。 次は片手を大きく上げるスタイルはなかなかのものだ。

デュンゼン(Dünsen)駅

ハルプシュテット発は SL 後ろ向きスタイル
スピードを落とし踏切を通過

車掌さんも張り切っている

63

満員御礼の SL 列車は皆の笑顔を乗せて
「ヤン・ハルプシュテット」の一日を追ってみよう！

僕の名前はヤン・ハルプシュテット、地元生まれの男の子、今日の特別運行が楽しみにしていたのだ。 朝早くから石炭を積み込み給水も完了、パワー全開で牽引するからよろしくね！ ハルプシュテット駅を出発、満席だが「この席空いていますか」と確認して何とか相席で座れた。 ハルプシュテットの町に連泊しているので、デイパックのみの気軽な乗り鉄、席に置いて車内ウオッチングを開始しよう。 どの車両も家族連れや夫婦で混雑しているのだ。 通路をかき分け食堂車に行くと、メニューやパンフレット、ロウソクのランタン、一輪挿しの花もセッティングされている。 ちょっと一人ではと思い、様子を見て帰りの列車でトライすることにした。

車窓からは自然いっぱいの森、牧草地、田舎町の家並み、教会の塔の景色が移り変わる。 途中駅では乗車、下車の様子をカメラウオッチング、降りた人は出発する列車に、乗っている人は降りた人にと、手を振るのがエチケットの様でもある。

車内販売ではビールが良く売れる。 ドイツ人は水代わりに昼間から楽しむ習慣はさすがにビールの国、10 月のオクトーバーフェスタが待ち遠しいというか、待てない様である。

食堂車も準備完了

連結部はデッキ付き、煙の香り風が良い！

満員御礼の車内

キルヒゼルテ駅
(Kirchseelte)

ハスポルターダム駅
(Hasporterdamm)

終着駅デルメンホルスト南
(Delmenhorst Süd)では、
乗車を待つ人でいっぱい

車内販売はボランティアの若手も参加

デルメンホルスト南(Delmenhorst Süd)
折り返し駅ではたっぷり給水、さあ戻ろう

　デルメンホルスト南駅は街中にあり、一つ先の DB デルメンホルスト駅までの路線の途中駅だった様で、プラットホームは狭く乗り降りするお客さんで混雑していた。　駅の横には引き込み線のある大きな工場ということは、昔には通勤に、今は貨物線として使用されているかも知れない。　DB デルメンホルスト駅から歩いて数分のところにあり、付近は街の住宅地である。　小さな駅舎小屋には以前使われていた出札窓口「fahrhartenausgabe」との表示があった。

　給水は若手ボランティアの仕事、道路の歩道に埋め込まれた消火栓だと思うが、ホースを接続し蒸機のタンクに給水するのだ。プラットホームが短いので蒸機の前部は踏切にはみ出している。

　戻りも乗客が多いが、食堂車を覗くと席が空いていたので一人コーヒータイムとした。　ガタンゴトンと心地よい振動と煙の臭いは蒸機旅の楽しみのひとつである。　途中駅で下車したお母さん達、煙の中を悠々と家路に着く。　赤ちゃんも煙なんてへっちゃらなんだ。　ハルプシュテット駅に到着、機関士も満足そうな良い顔している。

ハルプシュテット駅に到着

なんとディーゼル気動車(Triebwagen)が客車・貨車を牽引
始発駅デルメンホルスト(Delmenhorst)での出発、5/1 メーデー祝日は家族サービス日

「ヤン・ハルプシュテット」蒸機に再会しようと訪れたがなんと珍しい、ノスタルジック＆レトロなディーゼルカーが客車・貨車4両を牽引してやってきた。 2017時刻表ではSLなのだが、蒸機の機械トラブルなのだろうか。 ディーゼルカー単独運転や2〜3両編成は良くあるのだが、1940年製造のT121(型式VT(AA))は機関車の代役ができ、力強いのには吃驚である。

68

途中駅の Hasporterdamm や Groß Mackenstedt からも多くの乗客が乗り込み、先頭のディーゼルカーと客車3両と貨車は満員御礼、果たして動くのか、何のことはない動くのだ。 飲み物のサービス(1€)があり、運転士も私もコーヒを飲みながらの時速30(Max67)キロメートルのスロー運転、約1時間の乗車である。

グロース マッケンシュテット
Groß Mackenstedt駅

ハルプシュテット(Harpstedt)駅に着くとほとんどの乗客は下車、大変な混雑でシャボン玉おじさんも手回し蓄音機で子供たちを盛り立てる。　皆さん、サイクリングやハイキング、家族で昼のランチを楽しむようでいつの間にか静かな駅に戻ったのである。　列車は機廻しをして車庫に転送、次の出発時刻になると、バックで客車が先頭で入線である。　賑わいを取り戻した。

Harpstedt駅を出発する2番列車は、客車1両を追加連結

合計 6 両の編成だが牽引可能だ

2番列車は超満員なので1両増結

ハルプシュテット駅の車庫に行くと、やはり「ヤン・ハルプシュテット」の1955年製造のSL2号機(型式:Cn2t)はオーバーホール中、スタッフは客車の車輪をグラインダーで錆落としをしている。　カメラOK、周囲から撮影してくれ！とのこと。　奥まで侵入するといたぞ！　1951年製造のSL1号機(型式:Cn2t)、ディーゼル機関車(型式:Cdh)、入れ替え用の低床ディーゼル(型式:Bdm/Köll)と客車2両が保管されていた。「ヤン・ハルプシュテット」、次回元気に走る姿を見たいものだ。

　ハルプシュテット駅の一つ先、森の入り口にあるデュンゼン(Dünsen)駅で2番列車が戻ってくるのを待ち構えよう。　この駅前には「Hotel Waldfrieden Rogge Dünsen」があり、屋外のテラス席でカフェ、屋内はレストラン、春の季節にはアスパラガス料理がお勧めである。

　さあ、森の中から列車がやってくる。撮り鉄タイムである。

Dünsen駅に到着

Dünsen駅を出発

「ヤン・ハルプシュテット」2号機 SL が居たぞ！

車庫では作業中、見学OK

ハルプシュテット駅で今日の3番目の列車を撮影、車内でこの鉄道本を購入、天気が今一つ、夕焼けは次回にしよう お疲れ様 "Zur Wasserburg" ホテルに直行である

75

Harpstedt 町の散歩
ハルプシュテット
風車と夕焼け＆自転車道の朝焼け

　ドイツ北部のニーダーザクセン州、ブレーメン(Bremen)とオルデンブルク(Oldenburg)の南西部に位置する自然公園、そこにはドイツらしい牧歌的な風景の中に 1500 ㎢もの広大な沖積層(Wildeshauser Geest)が広がり、森や牧草地、湿地帯、風車や水車、中世の教会や村が点在する。　ハルプシュテットの町もその地域にあり、周囲にはサイクルパスが整備されている。

　SL 運行日の夕方は風車や教会巡りの田舎町を散歩、翌日は朝焼けの自転車道を走り、ヴィルデスハウゼン(Wildeshausen)に向かった。　SL 旅と自然をも体験できた旅でもあった。

ハルプシュテットの田舎町散歩

連泊した Zur Wasserburg Hotel

沖積層の広がる自然公園　朝焼けの道は一本道
Wildeshauser Geest(www.wildegeest.de)

4、フェルデン軽便急行鉄道(Verdener Kleinbahnexpress)
Kleinbahn Verden-Walsrode e.v
L型ディーゼル列車の乗り鉄 編
保存鉄道フェルデン駅(Verden/Aller)～シュテンメン駅(Stemmen)
アラー川(Aller)沿いに走るノスタルジックな軽便鉄道

ブレーメンの南東約 30 km、アラー川(Aller)沿いにあるフェルデン(Verden)は馬の放牧が盛んな自然豊かな町、ブレーメンから DB ドイツ鉄道で約 30 分と近い。 この路線は 1910 年に貨物と人員輸送用にフェルデン・ヴァルスローデ鉄道鉄道有限会社(VWE:Verden-Walsroder Eisenbahn GmbH)が設立され、翌年の 1911 年にフェルデン(Verden)とアラー川の上流へ遡ること、約 38 kmの所にあるヴァルスローデ北(Walsrode Nord)間が開通、ハノーファー州や周辺自治体の出資により運行を開始した。

グロース・ホイスリンゲン(Groß Häuslingen)にあったカリ塩鉱山の閉山後、路線は 1936 年にシュテンメン(Stemmen)～ベーム(Böhme)間の廃線により二分された。 ヴァルスローデ～ベーム間では 1964 年、フェルデン～シュテンメン間は 1969 年に人員輸送が廃止された。 フェルデン鉄道愛好会(Verdener Eisenbahnfreunde)は 1990 年より少なくともフェルデンとシュテンメン間で軽便鉄道の乗車体験ができるように管理維持しているようだ。

この保存鉄道(Verdener Kleinbahnexpress)の路線は 100 年の歴史があり、5 つの長閑な停車駅を保有、フェルデンとシュテンメン間の約 12 kmを観光用に活用し、3 月から 12 月までの 1 回/月、主に休日と祝祭日に運行している。 運営は略称 VEF、フェルデン鉄道愛好会(Verdener Eisenbahnfreunde)/社団法人フェルデン・ヴァルスローデ軽便鉄道(Kleinbahn Verden-Walsrode e.V.)である。

実は、今回は再トライ、2015 年 5 月にも訪れたが、機関士が休みのため中止となった。 フェルデンの駅ホームで待つが、誰も来ない、列車も来る気配が全くない。 ホームにいるのは私だけである。 右往左往し掲示板を探し回り、ホームとの連絡地下道の階段の壁にお知らせの案内を見つけた。 誰も来ないのは皆インターネットで数日前に確認しているのだろうか、ネット普及率 100%なのには吃驚である。 路線沿いアラー川自転車道のサイクリングに急きょ変更したのである。

78

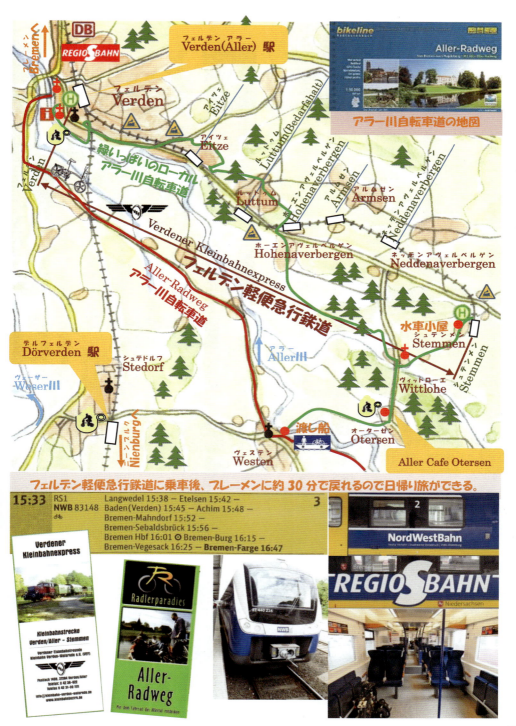

フェルデン(Verden(Aller))の街
ぶらり散歩

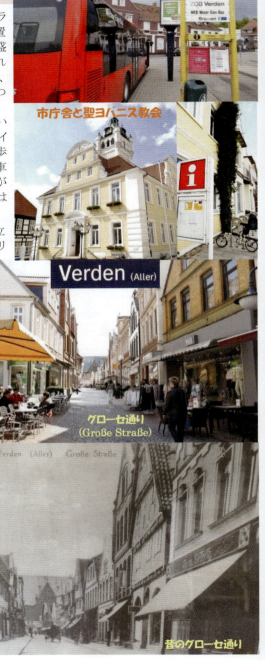

ニーダーザクセン州、フェルデンの街はアラー川がヴェーザー川に合流する河口部に位置し、馬の放牧と生産の中心地、馬術競技が盛んで「ライターシュタット」騎馬都市とも呼ばれる。ドイツで唯一の馬の文化史博物館があり、馬が人との暮らしの中で果たしてきた役割について展示されている。

アラー川にかかる南橋(Südbruck)の川沿いには街が一望できる展望台がある。街のメインストリートのグローセ通り(Große Straße)は歩行者天国、パネル展示には昔の町並みに馬車がパカパカと走り、ゴッホの夜のカフェテラスが思い出されるシーンでもある。市庁舎には案内所 があり、宿の予約もしてくれる。

以前ヴェーザー川自転車道を走った時に立ち寄り、あいにく市内の宿は満室、私はサイクリストの服装とヘルメット姿をしていたので、「自転車でアラー川沿いを約 3.5 km少し走れば、郊外に馬農家の宿(Landhaus Oelfkenhof)があるよ」と予約してくれた。その2階の部屋からは緑に囲まれた放牧地で馬がじゃれながら走り回っているのを眺めることができ、癒された。

80

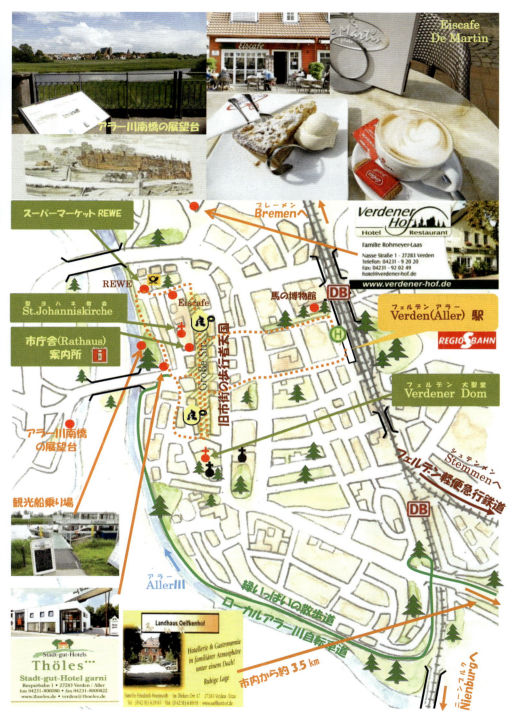

保存鉄道乗車＆アラー川サイクリングの提案
アラー川の渡し船も組み合わせた周遊プラン

　フェルデン保存鉄道のパンフレットやホームページには、サイクリストに耳寄りな盛り沢山の情報を提供している。

(1) Kleinbahnexpress 保存鉄道＆サイクリング
　　ホームページ www.kleinbahnexpress.de
　フェルデン(Verden)とシュテンメン(Stemmen)の間を、L 型ディーゼルが牽引するノスタルジックな保存鉄道(Verdener Kleinbahnexpress)と、アラー川自転車道(Allerradweg)を組み合わせた周遊プランを提案している。　ルートの途中ではアラー川を渡ることになるのだが、なんと昔ながらのアラー川渡し船(Aller Fähre)でオーターゼン(Otersen)とヴェステン(Westen)の間を渡れる。　この渡し船の運航(2016)は 3/1〜10/3 迄、土曜日 14:00〜18:00、日曜日と祝日 10〜18:00 となっている。　もちろん、保存鉄道の運行日には渡し船も運航するので、鉄道・渡し船・自転車セットで楽しみたい。

(2) Boehmetal-Kleinbahn 保存鉄道＆レールバイク(Draisine)
　　ホームページ www.boehmetal-kleinbahn.de
　近くにあるもう一つは、こちらも L 型ディーゼルが牽引するノスタルジックな保存鉄道がある。　アルテンボイツェン(Altenboitzen)とホリゲ西(Hollige West)の区間を、復活祭(3/21 以後の最初の満月後の第 1 日曜日)から 10/30 迄の毎土・日・祝日に運行される。又、レールバイク(Draisine)も乗れるようだ。
　土曜日のバス運行は少ない(日曜日の運行はないので注意)が、DB ヴァルスローデ(Walsrode)駅 12:25 発のバス(No.510 系統)に乗れば、アルテンボイツェン村迄、約 13 分の乗車である。　戻りのバスの便はなく困ったものだ。　自転車ならアラー川自転車道(allerradweg)からアクセスは容易なので、フェルデン市内でレンタルバイク(Fahrradvermietung)を借り、サイクリングとセットで楽しもう。

(3) オーターゼン(Otersen)村のカフェ「AllerCafe Otersen」で一休み
　　ホームページ www.dorfladen-otersen.de
　5/1 から 10/30 迄の毎日曜日と祝日、14:00〜17:00 にオープンされるので、保存鉄道の運行日にサイクリング途中に立ち寄ってみよう。　パラソルが開いたオープンデッキカフェが待っている。　但し、食料品の店 Dorfladen は毎日オープンしているが、曜日によっては開店の時間帯が違う。

82

お勧めの2日間はL型ディーゼルの牽引するノスタルジックな保存鉄道三昧

・土曜日：DB ヴァルスローデ駅 12:25 発バス（No.510 系統）でアルテンボイツェン村中央（Altenboitzen Ortsmitte)12:38 着、約 500m 歩くと保存鉄道駅。保存鉄道は 13:30 発、14:13 戻り着の往復乗車、ここまでは軌道幅 600mm の軽便鉄道を楽しめるが、帰るバスの便がないのである。タクシーか自転車でアプローチをかけるしかない。 行きは良い良い帰りは怖いのパターンなので注意が必要だが、田舎の軽便ということで、行くだけの価値はある。（ホームページではアルテンボイツェン村中央 14:43 発があると記載されているが、正式のバス時刻表ではどうやらないようだ。）

・次の日曜日：フェルデンから Kleinbahnexpress 保存鉄道に乗車しシュテンメンへ、自転車でカフェ、渡し船、アラー川自転車道を走りフェルデンに戻る。 自転車を使わない場合は保存鉄道に往復乗車しフェルデンに戻る。

83

フェルデン軽便急行
Verdener Kleinbahnexpress

　二度目のトライでやっとL型ディーゼルの牽引する保存鉄道、フェルデン軽便急行 (Verdener Kleinbahnexpress)に乗車することができた。 だからか、幸運にも機関室に同乗できるというサプライズが待っていたのだ。

　フェルデン(Verden/Aller DB Gleis5)駅では家族連れやサイクリスト、鉄ちゃんもまだかまだかとそわそわしているが、11:00 発のディーゼルがなかなか来ない。 来たぞ！ 貨車と客車の2両編成、L型ディーゼルとの組み合わせも可愛くて、鉄ちゃん数人と並んで連写する。 ディーゼルは機廻し作業、乗客は安堵の笑顔でノスタルジックな2軸客車へ、サイクリストは貨車に自転車丸ごと積み込む。

　約15分遅れで11:15発車、車掌さんから往復切符を購入、パチンと穴をあけてくれる。 客車の最前列で機関車を狙っていると、車掌が「次の駅で運転室に乗らないか」と誘ってくれた。 日本人と分かっているので、遠くからやってきたお客さんへのサプライズサービスなのである。 アイツェ(Eitze)駅で機関車に同乗し、機関士から運転操作の説明を受けた。

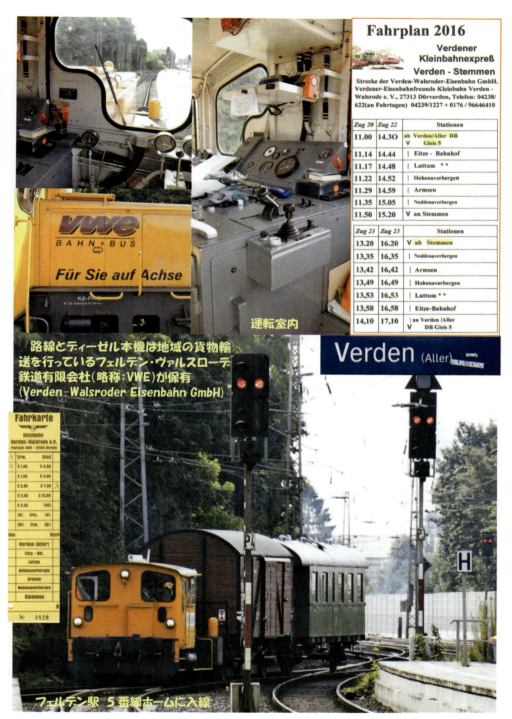

終着駅Stemmen(シュテンメン)のランチタイム
この日のために設営した特設ビヤガーデン

シュテンメン駅に10分遅れの12:00着、運転室から直接ホームに降りる。 小さな可愛い駅舎は扉を開いて店開きをし、鉄道グッズを販売している。 フェルデンとヴァルスローデ間の軽便鉄道の歴史が紹介されている貴重な本は私の大切な土産となる。

この便は昼時に着くので戻りの出発まで約1時間30分、特設ビヤガーデンでのランチタイムとなる。 横にはL型ディーゼルと貨車、客車が見て見てと言っているその傍でお客さんとスタッフが一緒にビールや軽食が楽しめるのだ。 田舎の駅で癒される心地良い時間がゆっくりと過ぎてゆく。

乗客の夫婦がすぐ近くに水車小屋があるよ(徒歩2～3分)と教えてくれた。 そこは水力を利用して小麦を粉砕し、小麦粉を空気輸送してサイロに貯蔵するという昔からの立派な設備棟である。 勇気を出して中に入るとオーナが数人を案内している。 破砕・粉砕のプラントが得意分野の私は興味深く見学できた。(見学料金5€手渡し)

86

5、ベーメタール軽便鉄道(Böhmetal-Kleinbahn)
Altenboitzen～Hollige West
（アルテンボイツェン～ホリゲ西）

かつて、繋がっていたフェルデン(Verden)とヴァルスローデ(Walsrode)間の鉄道路線の内、フェルデンとシュテンメン(Stemmen)、ヴァルスローデとホリゲ(Hollige)の両区間は、フェルデン・ヴァルスローデ鉄道有限会社、略称VWE(Verden-Walsroder-Eisenbahn GmbH)の所有となり、地域の貨物輸送を行っているようだ。

貨物輸送に使用していない路線、アルテンボイツェン(Altenboitzen)とホリゲ西(Hollige West)の区間を保存鉄道としてL型ディーゼルが牽引するノスタルジックな列車を運行しているのである。　標準軌(1435mm)レールの間にレールを一本新たに施設し3線軌道化、狭軌(600mm)の軽便鉄道を走らせている。　ボランティア愛好団体が運営するちょっとマイナーな鉄道を訪れてみた。　ここを訪れた日本人はまあいないと思う。

DB ヴァルスローデ駅 12:25 発のバス(No.510 系統)に乗車、アルテンボイツェン村中央(Altenboitzen Ortsmitte)12:38 着(バスは時間帯により2系統)、約500m歩くと保存鉄道駅である。　なんと可愛らしいディーゼルと客車が待ってくれている。　しかし、誰も居ないが運行はあるのか心配になる。　シルバーの車掌さんが小屋から顔を出し、嬉しそうにドイツ語で話を開始。ほとんど理解できないが英語が通じるので片言の単語で英会話をする。　ここを訪れた日本人は初めてとのことである。

実は、保存鉄道の運行日の土曜と日曜日は、帰るバスの便がないのだ。　一つの案としてはヴァルスローデ駅からタクシーに乗車し、帰りは時間を指定して迎えに来てもらうか、電話して呼ぶしかない。　私は折り畳み自転車を持参しているのでヴァルスローデに戻ることができるが、明日のフェルデンからの保存鉄道、Verdener Kleinbahnexpress に乗車するので、フェルデンの町に宿を予約している。　自転車道を走り(約3時間、約30km)直接フェルデンに行くことにした。　緑の森林、草原を駆け抜けるのも健康に良いだろう。　今回のアプローチは erixx (民営化された私鉄、Erixx GmbH)三昧の旅、世界遺産の街、ゴスラー(Goslar)から erixx に乗車してハノーファー(Hanover)Hbf で乗り換え、再度 erixx に乗車しヴァルスローデに到着した。　(http://www.erixx.de/)

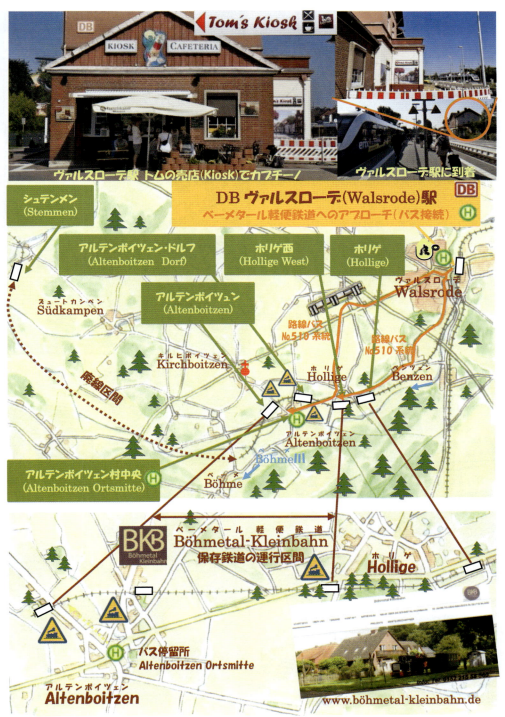

ベーメタール 軽便鉄道
Böhmetal-Kleinbahn
田舎の軽便L型ディーゼル乗車

　ベーメタール軽便鉄道の乗り場は、バス停留所のアルテンボイツェン村中央からは少し離れている。 緑いっぱいの静かな村を北に進むこと10分ほどで軽便鉄道アルテンボイツェン駅に着く。 可愛らしいL型2軸ディーゼル機関車がレトロな客車とオープンデッキ車両が待っていてくれた。 駅舎は日当たりの良い小屋、郵便ポストがあるので人の気配はある。 DBドイツ鉄道のOBだろうか、DBマークを付けた制服のおじさんが笑顔でお出迎えしてくれた。 スタッフの4人はこの鉄道の愛好協会でボランティアをしているようだ。 皆、作業ぶりは底抜けに明るく、この鉄道に生きがいを持っている。

　切符はなんと硬券には吃驚、往復6€、乗客は夫婦と私を含めて3人のみ、聞くと日曜日の運行には人気があり乗客は多いとか。 オープンデッキ車両は車掌さんを含め4人で井戸端会議車両となった。 ガタンゴトンの振動が心地良く、牧草地、森の中へと入っていくこの感覚、癒される。

90

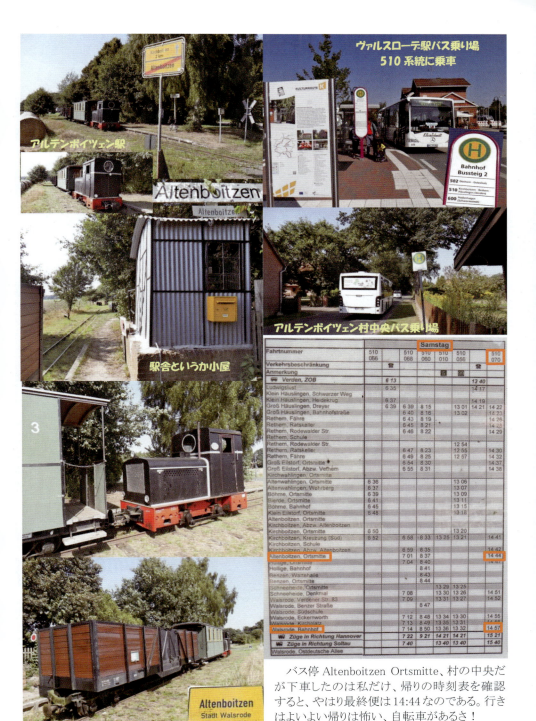

バス停 Altenboitzen Ortsmitte、村の中央だが下車したのは私だけ、帰りの時刻表を確認すると、やはり最終便は14:44なのである。行きはよいよい帰りは怖い、自転車があるさ！

91

終着折り返し駅 Hollige West (ホリゲ西)
機廻し作業にはぶったまげた！

森の中 ホリゲ西に到着
ホットコーヒーのサービスタイム

機廻しと連結作業は真剣
さあ戻ろう！ 緑のトンネル、トウモロコシ畑を走り

　森の中、ホリゲ西駅での機廻し、連結作業はプロ意識が感じられるひと時であった。 L型ディーゼルは前向きとなり出発。 森を抜けるとトウモロコシ畑、緑のトンネルをガタンゴトンと快走する。 14:45 アルテンボイツェン駅に到着。予定の到着時間 14:13 を約 30 分オーバーしても全然気にしない。

　チケットを購入するときに、ホリゲ西駅でコーヒのサービスタイムがあるよと聞かされていたが、森の中の黄色い小屋でスタッフ 4 人と乗客 3 人で一緒に飲んだコーヒの味、手押しで機廻し作業を手伝ったことは忘れられない。 田舎の軽便鉄道だからこそ味わえる旅の感動、人との出会いは素晴らしい。

　軽便鉄道のことをドイツ語と英語のちゃんぽんで説明してくれたちょっとインテリのシルバー車掌さん、軌道幅のことをメモに書いてくれたおなかの出たスタッフ、怖そうだがシャイな運転士さん、スタッフの皆さん良い思い出をありがとう。

連結作業 1
2
3
4

緑のトンネル

スタッフから土産に頂いた大切な手作り本 この鉄道の歴史が全て網羅されている

トウモロコシ畑

森の小さな黄色い駅 ホリゲ西駅の出発

95

6、保存鉄道 Museums-Eisenbahn
ブルッフハウゼン・フィルゼン(Bruchhausen Vilsen)-アーゼンドルフ(Asendorf)
Deutscher Eisenbahn-Verein e.V.
ブレーメン(Bremen)からアプローチ
1案はバス、2案は鉄道とバス、3案は鉄道と自転車

　ブレーメンからバス直行便(150系統)は約1時間15分、又は鉄道でジーケ(Syke)駅乗り換え、バス(150系統)で約1時間、ブルッフハウゼン・フィルゼン(Bruchhausen Vilsen)に着く。ブレーメンから日帰りも可能である。この150系統のバスはDBグループ系列のようでドイツ鉄道ホームページ(www.bahn.de)で時刻検索ができる。

　自転車なら鉄道で約35分、アイストルプ(Eystrup)駅下車、菜の花畑を快走し、ヴェーザー川を渡るとホーヤ(Hoya)。ノスタルジックなディーゼルカーが走る保存鉄道「Kaffkieker」の路線沿い、自転車と汽車のロゴマークの自転車道標識(Achter Tour)に案内され、走ること約3時間でブルッフハウゼン・フィルゼンに着く。

96

このブルッフハウゼン・フィルゼンからアーゼンドルフ(Asendorf)迄の路線距離 7.8 km、乗車時間約 35 分、軌道間隔 1000 mm の廃線路線に、復活した蒸気機関車やノスタルジックなディーゼルカーが走る保存鉄道(Museums-Eisenbahn Bruchhausen Vilsen-Asendorf)がある。

　運行期間は、5 月から 10 月の土曜、日曜、祝祭日に運行され、特別な日にはジーケとアイストルプ間(標準軌道 1435 mm)に、ホーヤ鉄道のノスタルジックな旧型ディーゼルカー「Kaffkieker」が運行され、ブルッフハウゼン・フィルゼンの蒸気機関車の始発駅に接続している。

Museums-Eisenbahn Bruchhausen-Vilsen – Asendorf
Dampfbetriebene Schmalspurbahn (Spurweite 1000 mm)
Fahrplan 2015

Gültig vom 1. Mai bis 4. Oktober

Zeichenerklärung						
P – Personenzug	Saison vom 1. Mai bis 4. Oktober		an Samstagen vom 2. Mai bis 26. September		an Sonn- u. Feiertagen vom 1. Mai bis 4. Oktober	
T – Triebwagen	Zugnummer → alle Züge 3. Klasse		P7 ❶	P9 ❶	P3 ❶	P7 ❶	T25 ❷
✕ – Zug führt Buffetwagen	km						
♿ – Zug für Mobilitäts-eingeschränkte	0,0	Bruchh.-Vilsen ab	14.15	16.15	11.15 ❸❹	14.15 ❸❹	16.15 ❹
🚲 – Fahrradmitnahme im Gepäckwagen	0,9	Vilsen Ort	14.19	16.19	11.19	14.19	16.19
	1,4	Wiehe Kurpark Hp	14.23	16.23	11.23	14.23	16.21
X – Zug hält nur bei Bedarf (bitte rechtzeitig beim Zugpersonal bemerkbar machen)	2,3	Vilser Holz Hp	14.38	X 16.28	11.33	14.38	X 16.24
	3,9	Heiligenberg an	14.43	16.33	11.39	14.43	16.29
		ab	14.45	16.35	11.39	14.45	16.30
❶ – Verkehr bei Ausfall der Dampflokomotive oder Waldbrandgefahr als Diesellok-bespannter Zug.	4,6	Klosterheide Hp	X 14.52	X 16.42	X 11.46	X 14.52	X 16.37
	6,0	Arbste Hp					X 16.37
	7,8	Asendorf an	15.00	16.50	11.53	15.00	16.44
❷ – kann im Bedarfsfall auch als Diesel- oder Dampfzug verkehren	km	Zugnummer →	P8 ❶	P10 ❶	P4 ❶	P8 ❶	T26 ❷
	0,0	Asendorf ab	15.15	17.05	12.15	15.15	17.10
	1,8	Arbste Hp	X 15.22	X 17.12	X 12.22	X 15.22	X 17.17
	3,2	Klosterheide Hp					X 17.21
	3,9	Heiligenberg an	15.29	17.19	12.29	15.29	17.24
		ab	15.30	17.20	12.30	15.30	17.25
	5,5	Vilser Holz Hp	X 15.35	X 17.25	X 12.35	X 15.35	X 17.30
	6,4	Wiehe Kurpark Hp	15.38	17.28	12.38	15.38	17.33
	6,9	Vilsen Ort	X 15.41	X 17.31	X 12.41	X 15.41	X 17.36
	7,8	Bruchh.-Vilsen an	15.45 ❸	17.35 ❸	12.45	15.45 ❹	17.39 ❸❹

ブレーメン中央駅 Bremen

グリム童話の世界
音楽隊がめざした
憧れの自由都市
メルヘン街道はハーナウ(Hanau)からここ
ブレーメンまで
600 km
旅の終着点

4 特別案

ブレーメンからのアプローチ
ブレーメンから意外と近く、お勧めの保存鉄道

1案：直通バス
ブレーメンから150系統のバスで、ジーケ経由ブルッフハウゼン・フィルゼンへ約1時間15分

2案：鉄道(DB)とバスの乗り継ぎ
ブレーメンから鉄道でジーケ駅へ約20分、駅前から150系統のバスに乗り継ぎ、ブルッフハウゼン・フィルゼンへ約30分

3案：鉄道(DB)と保存鉄道ディーゼル気動車
ブレーメンから鉄道でアイストルプ駅へ約35分、特別運行日のみとなるが、アイストルプ駅からノスタルジックなディーゼルカーでブルッフハウゼン・フィルゼン駅へ約50分

4特別案：鉄道(DB)と自転車
3案と同様に、アイストルプ駅へ約35分、ヴェーザー川の渡し船に乗船、風車巡りをしながらブルッフハウゼン・フィルゼンへ、時速10km/hのスローポタリング

ヴェーザー川はドイツ中部のグリム童話の舞台となった町々、癒される田園を南から北へと流れ、中世には北海と繋ぐ貿易路として発展した

ブルッフハウゼン・フィルゼン(Bruchhausen Vilsen)
保存鉄道の歴史と散歩・自転車の歩き方・走り方

　ブレーメンの南方(約 30 km)に位置した自然豊かな地域、ヴィルデスハウザー・ゲースト(Wildeshauser Geest)自然公園の外にある保存鉄道(軌道間隔 1000 mmのナローゲージ)は、ブルッフハウゼン・フィルゼンからアーゼンドルフ間迄の 7.8 kmを走っている。

　1890 年より田舎にも狭軌の鉄道が敷かれ、地域の経済的発展に貢献し、最初の輸送品目はホーヤ(Hoya)産の豚、ジャガイモ、砂糖の原料でもあるテンサイ、石炭や肥料であった。 1950 年以降、増え続ける道路交通、トラック輸送に貨物輸送を奪われ多くの路線が操業停止に追い込まれた。

　この路線が存続しているのはハンブルク出身の 4 人の鉄道愛好家お蔭だそうだ。 1966 年 7 月 2 日、ブルッフハウゼン・フィルゼンでドイツ初の保存鉄道が運行するのに至った。 今では、機関士を目指すほとんどは鉄道愛好家の家族である。 若い蒸気機関車マニアが機関士になるのは専門分野出身でない場合、石炭焚きを 5 年間することが条件だとか。

　機関士の Andress Boye が教えてくれたのは「往復 18 kmを走行するには石炭 400 kgと 2 ㎡の水が必要」とのこと、彼は 32 年前にここブルッフハウゼン・フィルゼンで蒸機に出会い、その魅力に嵌まり、機関士になろうと決心。 ドイツ鉄道協会に加入し、その後本職でもある私鉄の機関車運転士になった。 彼は「でも石炭の匂いが私には必要なのです。 年に 6 から 8 回の週末にはこの保存鉄道の機関士として、煙や油まみれになり、蒸機を運転するのに没頭します。」と熱く語る。

　列車は煙を吐きながら森を抜け、見渡す限りの菜の花畑、農家が点在する田園風景の中を進む。 途中駅のハイリゲンベルク(Heiligenberg)から終着駅アーゼンドルフ(Asendorf)迄の最後の 4 kmは、ハノーファー(Hannover)とブレーメン(Bremen)を結ぶ国道 6 号線に沿って、昔の馬車鉄道の路線をゆっくりと走る。

　終着駅アーゼンドルフでは蒸機は機廻しをして、列車の最後尾に付け替え、帰りは後ろ向きスタイルとなる。 その間乗客は、かつてシュタインフーバー・メーア(Steinhuder-Meer)鉄道で使用されていた 1932 年 Triebwagen-und WaggonfabrikAg 製、ヴィスマール(Wismar)にて製造された貴重なガソリン駆動のレールバス(T41)を見学できる。 ボンネットタイプのバスにそっくりなので、エンジン部が前に突き出していることから「ネズミ」や「豚の口」などのあだ名が付けられていた。

　(引用：Eisenbahn Romantik Nr.1 2015)

若いボランティアの鉄道好き作業員が保存鉄道を支えているようだ。

保存鉄道の運行はこんな蒸機大好きなボランティアで成り立っているのだと知った私、この鉄道のことがもっと知りたくなり、再度、訪れることになりそうである。

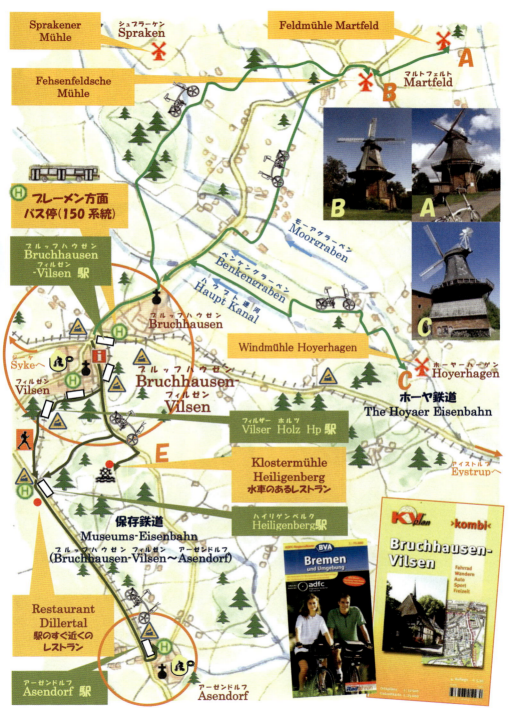

機関庫の朝は、罐に着火作業
一本の樹木と緑のベンチのある癒し空間

朝早く機関庫に出かけると、シュプレーヴァルト(SPREEWALD)の愛称を持つタンク式蒸機が今日の運行に備えて準備中。機関士は薪を準備し罐に投入、着火作業である。次にスコップで石炭を投入すると、煙突からもくもくと黒い煙が噴き出し、眠っていた蒸機が息を吹き返した瞬間である。

この車庫を昔から見守ってきた太い樹木の周りに造られた緑色の六角形のベンチがある。休憩中なのは作業を終えた作業員の二人、夏は木陰となり休憩にはもってこいの空間である。車庫の中に入って撮影しても良いよとドイツ語で声をかけてくれた。雰囲気で理解し、ダンケシェーンと笑顔で返す。

機関庫屋外の路線内に自由に入れ、車庫内も見学できるというこのドイツのおおらかさ、自分達の鉄道に愛着を持って働いている人間らしさは素晴らしく、作業員は皆蒸機が好きなのだ。

機関士は薪を準備し着火作業

Museums-Eisenbahn Bruchhausen Vilsen-Asendorf
Dampfbetriebene Schmalspurbahn
(Spurweite 1000mm)

朝の機関庫には癒しの空間がある。挨拶し私も腰を掛ける

お言葉に甘えて車庫内部の見学
なんと機械加工もできる本格整備工場

　車庫内には所狭しと蒸気機関車、ディーゼル機関車、ディーゼルカー、保線用車両等が保管されている。　新しいボイラーに置き換えたのだろうか、組み立て中の蒸機では作業員の二人はもくもくと仕事をこなしている。

　機械加工のできる作業場を持ち、なんと動輪の駆動を伝達するロッドの加工が終わったばかりの製品が置かれているではないか。相当の加工技術を保有し、外注に出さないで自前で整備できることって凄い。　工具類も整理整頓され気持ちが良い。

　車庫の大扉には機関士と女性職員のイラストが大きく描かれ、蒸気機関車の動く原理と構造を説明した張り紙を指さしている。　こんなおもてなしには感心しきりである。

　準備中の蒸機"シュプレーヴァルト"は暖機運転が完了したようで、煙突から吹きだす煙が頼もしい。　運転室にはミネラルウオーターが運び込まれもう出発を待つばかりとなっている。　ちなみにこの蒸気機関車は 1817 年製造の Arnold Jung GmbH 製、製造番号 2519、なんと約 100 年前に製造されているのだ。

ロールボック(Rollbock)
標準軌(1435 mm)の貨車が狭軌(750 mm)路線に乗り入れるための積載台車

アーゼンドルフ駅

アーゼンドルフ駅には、ロールボックの展示がある

ブルッフハウゼン・フィルゼン機関庫では、車両の入れ替えや機関車の洗浄作業に忙しい。一仕事を終えたボランティアの若者達が手漕ぎトロッコで井戸端談話の休憩中、油と煙の香りを運ぶ何とも言えない癒しのそよ風が感じられる。

構内には異なる軌間の路線へ貨車を直通できるように考案された 2 方式、ロールボック(Rollbock)やロールワーゲン(Rollwagen)と呼ばれる台車が保存されている。

ここでは 2 軸の台車に貨車を搭載するロールボック方式が主体のようで、載せ替え作業用のピットが設けられ、台車に取り付けられた蟹の爪のような 2 本のアームを立て、車軸をつかみ、倒れないようにレバー操作で固定する仕組みである。載せられた貨車は傾斜ピットから機関車で引き揚げられ、いつも通りの連結器で接続し、狭軌路線で牽引されるのである。

ここの構内は標準軌(1435 mm)の貨車を狭軌(750 mm)の路線に乗り入れるのに使われていたので、軌道は 3 線式。日本にはない貨車丸ごと積載するシステムに魅せられた。

ロールボック載せ替え用ピット

手漕ぎトロッコで井戸端談話の休憩中

ブルッフハウゼン・フィルゼン駅構内

スタッフの仕事ぶりは素晴らしい

車庫での入れ替え作業

ロールボック(Rollbock)方式

ロールワーゲン(Rollwagen)方式

ロールボック用ピット

ロールボック載せ替え用ピットに移動、取り付け後、傾斜ピットから引き揚げ移動し完了

雑木林の森を抜けると黄色の世界
フィルザー・ホルツ(Vilser Holz Hp)駅撮影ポイント

　今日は撮り鉄、森の雑木林にある路線沿いの道を進みフィルザー・ホルツ(Vilser Holz Hp)駅に先回りである。 この５月の季節は黄色一面の菜の花畑、菜の花の香りをそよ風が運んでくれる。 ベンチで蒸機を待つことにしよう。 遠くからかすかな汽笛が、次第に大きくなるとガタガタゴトゴトと走行音が聞こえ、焦らされるのは何時もだがこれも楽しい。 駅に着くとサービスストップ、乗客は下車し撮影タイムとなる。

　待つ間に親子が通りかかり、チエンが外れ困った様子、手が汚れるので軍手を渡す。 お父さんダンケシェーンと笑顔、二人仲良く森の中に走り去った。

春のそよ風が菜の花畑の香りを運んでくれるベンチ

フィルザー・ホルツ駅ではサービスストップの撮影タイム

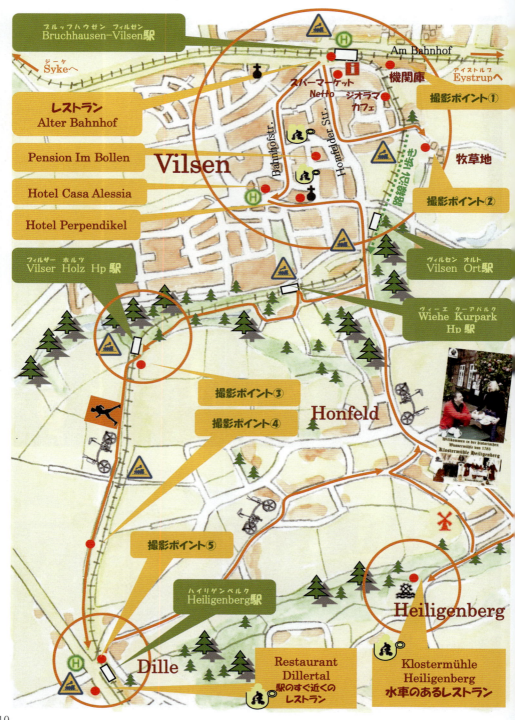

撮影ポイント③のフィルザー・ホルツ(Vilser Holz Hp)駅から、SL が走り去った後、誰もいない静けさの中を一人寂しく路線沿いに歩いて撮影ポイント④へ、焦らされやっと SL を撮影できた。次のハイリゲンベルク(Heiligenberg)駅の撮影ポイント⑤はもうすぐだ。その先に踏切がある。この駅では道路を挟んで向こう側にレストラン(Restaurant Dillertal)があるので、列車を待つのに便利が良い。

広大な牧草地の緑と菜の花畑の黄色
その中で一人ぼっちの私だけの世界

ブルッフハウゼン・フィルゼンに戻る SL

焦らされたが、やっと！

汽笛を鳴らし、煙を残し、SL は菜の花畑の中に消えていった。

111

庭園鉄道のあるカフェ フォルダムプフ(Volldampf)

ブルッフハウゼン・フィルゼン(Bruchhausen Vilsen)機関庫の直ぐ側に庭園鉄道"フォルダムプフ"(Volldampf)が出現したのだ。路線沿いのガーデンジオラマで赤いパラソルの開いたオープンカフェスタイル、貨車に似たせた小屋のカウンターでカプチーノとアップルタルトを注文。飲み物はGゲージのSLが貨車に乗せ、出力全開で汽笛を鳴らし席まで運んでくれる。席にある押し釦を押すと戻る仕組みである。

主人は相当の鉄道マニアのようで庭園内には古い遮断機や電話機、鉄道部品を配置している。定年退職後に趣味を生かしてメロー人生を楽しんでいるようだ。

本物の蒸機がやってきた、車庫を背景にローアングルで連写、そして後ろ姿も撮れるカフェ付きの撮影ポイント。カプチーノを飲みながら休憩しているとこちらから追いかけなくても、蒸機がやってくるのである。

ベンチで蒸機がやってくるのを待つことにした。

庭園鉄道カフェ"フォルダムプフ(Gartenbahncafe Volldampf)"
出力全開
今日の撮り鉄はここに決まり！

"The Hoyaer Eisenbahn"
ホーヤ鉄道
観光列車「Kaffkieker」
（ブルッフハウゼン フィルゼン Bruchhausen Vilsenへのアプローチ）

5月、菜の花畑は黄色一面

牧草地を走行

森の樹木に囲まれたトンネル

　ホーヤ鉄道は、ブレーメンとオスナブリュック間を結ぶ幹線路線にあるジーケ(Syke)駅を西の始発駅。ブレーメンとハノーファー間を結ぶ幹線路線上に位置し、ヴェーザー川沿いのホーヤ(Hoya)にあるアイストルプ(Eystrup)駅が東の始発駅。両駅を結ぶ全長36.7kmの標準軌道、もちろん単線路線である。

　ブルッフハウゼン・フィルゼン(Bruchhausen Vilsen)からのSL保存鉄道の特別運転日に合わせて、地域に密着したこのローカルな鉄道、VGH「Verkehrsbetriebe Grafschaft Hoya GmbH」は1両編成のみのノスタルジックなディーゼル気動車(型式:T1、T2、T3の3機種を保有)を運行接続している。

　運行本数が少ないが、うまく利用すれば蒸機とディーゼルの二つの乗車体験が楽しめるのとブレーメンからのアクセスも良いのも嬉しい。運行は5月から9月、毎月の第1と第3日曜日となるので注意して欲しい。

　チケットは車内で購入でき、車掌さんが昔ながらのポータブルな機械で得意になって発券してくれた。また、運転士は運行スケジュール表を見せてくれ、この地域密着型の鉄道に携わっていることが自慢である。

サイクリストが下車、
車掌さんが手伝ってくれるのだ

ホーヤ(Hoya)駅

ホーヤ鉄道のホーヤ(Hoya)駅で下車、駅前にはバスターミナル(Hoya(Weser)Bahnhof)がある。 前のヴェーザー通り(Weserstr.)を渡り、町中へ、商店が並ぶランゲ通り(Lange Str.)を右折すると案内所 i が見えてくる。 地図や資料を収集し、ヴェーザー川に架かる橋を渡ると左手に市庁舎、右手にホーヤ城がある。

道なりに曲がり、二つ目の道を右折、鉄道路線をくぐると、牧草地に出る。右の牧草地の中の道を進むと、この河川敷に出る。

ブルッフハウゼン・フィルゼン(Bruchhausen Vilsen)駅
駅撮りのポイントは構内の3本レール

　この駅が始発駅となるアーゼンドルフ(Asendorf)行きの蒸気機関車保存鉄道の出発時刻に合わせて、接続しているホーヤ鉄道のディーゼル気動車"Kaffkieker"がやってくるので、両列車が並ぶシーンが撮影できる。駅構内の路線は SL 保存鉄道の狭軌(1000mm)と気動車の標準ゲージ(1435 mm)が同居するため、3本レール仕様となっている。

　駅横の踏切内から列車接近の警告信号が鳴りはじめ、遮断機が下りるまでの間を利用して、到着する気動車を超望遠 600 mmで撮影した写真も3本レールとなっている。

駅の東側から撮影

駅の西側から撮影

超望遠 600 mmで撮影

ホーヤ鉄道
The Hoyaer Eisenbahn

119

ノスタルジックなショート旅
トリープヴァーゲン（Triebwagen）T42

5〜10月の夏ダイヤでは3往復/日、内1往復が1両編成の古典的なディーゼルカーが運行される。

ブルッフハウゼン・フィルゼン 16:15発、家族連れと鉄ちゃんで賑やかである。コンパクトな操作パネルには三つのレバーが接近して配置され、運転士は慎重にガチャガチャとレバーを回すのに忙しいのだ。観察していたが運転方法が良く解らない。トコトコガタンガタン走り、車庫近くの鉄道ジオラマカフェを過ぎ、ビルセン・オルト駅(Vilsen Ort)でお爺さんと孫の二人を拾う。道路を横切り、森の中にあるプール施設のある駅、ヴィーエ・クーアパーク(Wiehe Kurpark Hp)停車。散歩道のある木漏れ日が射しこむ森を過ぎると、一面の菜の

Triebwagen T 42

Hersteller : Waggonfabrik Dessau

Baujahr : 1939　　Fabrik-Nr. : 3214　　Bauart : (1A)′ (A1)′

Der Triebwagen wurde mit Nr. 1124 bei den Franzburger Kreisbahnen in Dienst gestellt. Nach der Verstaatlichung der FKB 1949 als VT 137 532 umgezeichnet. Durch Spendenaktion 1974 für 12000 DM vom Deutschen Eisenbahn-Verein e. V. erworben und seither auf dieser Strecke in Betrieb.

花畑、視界が広がる。
　この駅はフィルザー・ホルツ(Vilser Holz Hp)、数分のサービスストップがあり乗客は下車し撮影タイムである。　次のハイリゲンベルク(Heiligenberg)停車、ここから道路に沿って一直線のレール、ところどころ歪んでいて脱線しそうな衝撃音も、ものともせずに最高速度 60 km/h で左右に揺れながら 16:44 終着駅アセンドルフ(Asendorf)に着く。　車庫には旧タイプレールバスが大切に動態保存されている。特別な日には運行されるようだ。

僕の愛称は"ホーヤ"(HOYA)
ブルッフハウゼン・フィルゼン〜アーゼンドルフ

　乗り鉄三昧の一日、今日は秋の休日なので家族連れが多く車内は賑やかで、車両のデッキでは秋の風を感じながら、煙の臭いが昔を思い出させてくれる。　途中駅フィルザー・ホルツ(Vilser Holz Hp)では数分間のサービスストップがあり乗客は全員下車。　蒸気ホーヤ号が全速力で行ったり来たりと蒸気パレードが見られるのだ。　こんな演出、粋なはからいのおもてなしに感激。

　終着駅のアセンドルフでは、大人と子供だけでなく車掌さんもアイスクリームタイムとなり、折り返し機廻し作業時間を楽しむ。皆アイスクリーム好きなのだなあ。

　この保存鉄道の路線は総距離 7.8 km、その区間には広葉樹や針葉樹の森、雑木林、そよ風に揺れる草原や牧草地、トウモロコシ畑と車窓から楽しませてくれ飽きることはない。　この秋の季節には林檎や梨の木、栗やクルミの木には実がいっぱい。　風に揺られて落ちてくるのを待ち受けよう。　栗は食用ではない(ペンションの主人の話)がクルミはその場で拾って試食会、格別に美味しい。

フィルザー・ホルツ駅

アーゼンドルフ駅のアイスタイム

アーゼンドルフ駅

秋は実りの季節、林檎と梨の木の下で そよ風が吹くのを待ち受けよう

　秋の 9 月、郊外をポタリングしていると、そよ風に揺られて思わぬ恵みが落ちてくる。"Pension im Bollen"宿に持ち帰り林檎、梨、クルミの試食会。宿の主人の話では、見た目は爆弾のようなこの栗は食べられないので要注意であるとのこと。スーパーマーケット(Netto)で肉・チーズ・野菜をたっぷり挟んだパン、バナナ、ケーキ、スナックの買い物をして豪華な夕食となった。オーナーがペンション敷地内を案内してくれた。果樹園の果物、農園で栽培している野菜、駆け回っている鶏の産む卵が朝食に出されるそうだ。

　タンポポや菜の花が咲き誇る春の 5 月にも訪れ、今度は"Hotel Perpendikel"に泊まると 2 階の部屋からの眺めは抜群。1 階にはレストランがあるので一人夕食を楽しむことができる。

　ブルッフハウゼン・フィルゼンの駅にはレストラン"Alter Bahnhof"や観光案内所、町中にもカフェやレストラン、パン屋、本屋、小物雑貨店等そろっているので散歩がてら買い物に出かけよう。

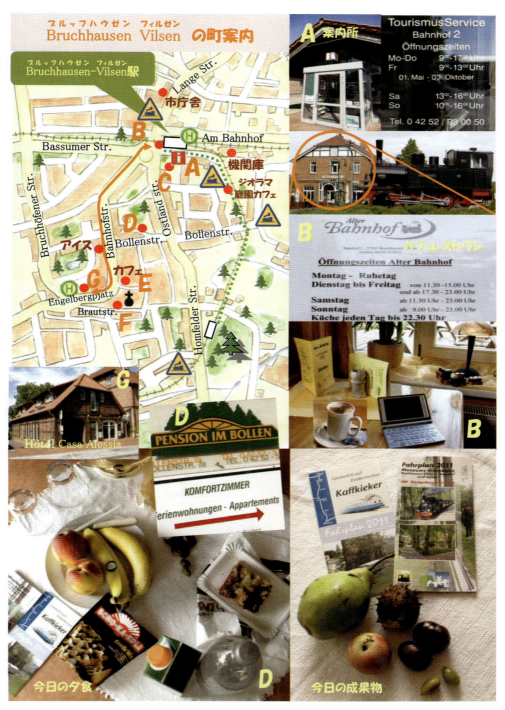

印象に残ったブルッフハウゼン・フィルゼン(Bruchhausen/Vilsen)

　ブルッフハウゼン・フィルゼンの町、春はタンポポや菜の花畑で黄色一面の世界となり、菜の花の香り風が心地よい。 秋には林檎や梨、クルミがそよ風に揺られて落ちてくるのを待ち受けよう。 ノスタルジックな蒸気機関車が走り、路線沿いの雑木林には散歩道、水車小屋、風車巡りのサイクリング、オープンテラスカフェでカプチーノと幸せな時間がゆっくりと流れる。 そんな小さな田舎町に惹かれてもう３回も訪れている。

　撮影ポイントのお勧めは、教会の塔を背景にした車庫近くの牧草地、お隣に牛舎がある。 夕焼けに照らされた蒸機のシルエットが撮影できる。

Pension im Bollen
www.Im-Bollen.de

Casa Alessia
www.casa-alessia.de

Hotel Perpendikel
www.hotel-perpendikel.de

7、ミンデン保存鉄道 編

Museums-Eisenbahn Minden e.V.
ブレーメン(Bremen)からミンデン(Minden)へ鉄道の旅

(1) ミンデン・オーバーシュタット(Minden-Oberstadt)～クライネンブレーメン(Kleinenbremen)
(2) ミンデン・オーバーシュタット(Minden-Oberstadt)～ヒレ(Hille)
(3) プロイシシュ・オルデンドルフ(Preußisch Oldendorf)～ボームテ(Bohmte)

　ブレーメンから途中一回の乗換(ハノーファー(Hannover)、ニーンブルク(Nienburg)、ヴンストルフ(Wunstorf)等)でどのルートも約2時間、ミンデン(Minden(Westf))駅に着く。ミンデンは、ノルトライン＝ヴェストファーレン州北東部に位置し、人口約8万人の町。ヴェーザー川(Weser)とミッテルラント運河(Mittellandkanal)が交差する水運路ジャンクション(Wasserstraßenkreuz)が市の北部にあり、市内を東西横断している運河の石造り橋梁が南北に流れるヴェーザー川をまたぎ、船が航行するさまは日本には無く圧倒される。

　3路線の内2路線、ミンデン保存鉄道の始発駅であるミンデン・オーバーシュタットはDBのミンデン駅(Minden(Westf))から約2.5kmと少し離れていて、ヴェーザー川を渡り旧市街を抜けると、ミッテルラント運河ジャンクションの近くにある。この駅から保存鉄道はヴェーザー川橋梁を渡り東方面のクライネンブレーメンへ、西方面に運河と並行に走りヒレへと2路線を運行。

　もう一つの路線はミンデンから少し離れているが、DB鉄道でヘルフォルト(Herford)駅かオスナブリュック(Osnabrück)中央駅で乗換、約1時間50分でボームテ(Bohmte)駅に着く。駅舎を出てすぐ前に保存鉄道のボームテ駅がある。ここから低床の入れ替え用ディーゼルが牽引する列車が小さな田舎(Preußisch Oldendorf)へと運行している。実は始発駅がプロイシシュ・オルデンドルフであるが、アクセスが良くないのでボームテ駅がお勧めである。

www.museumseisenbahn.de

車内売店での一コマ

　季節運行であるが4月から10月までの特別運行日には蒸気機関車、ディーゼル機関車がノスタルジックな客車を牽引、又、ボンネットタイプのバスにそっくりでエンジン部が前に突き出しているガソリン駆動の古典的なレールバスの運行もある。

　ヴェーザー川に沿ってヴェーザー川自転車道が走り、周辺にはヴェストファーレン水車・風車街道があり、昔はパンの小麦粉やビールの麦芽が製粉されていた。標識が整備され、水車や風車がノスタルジックな雰囲気を醸し出し、牧歌的な自然の中をサイクリングするには最適である。

129

ミンデン保存鉄道
Museums-Eisenbahn Minden e.V.

A：東方面路線
(Minden-Oberstadt～Kleinenbremen)
B：西方面路線
(Minden-Oberstadt～Hille)
C：低床ディーゼル路線
(Preußisch Oldendorf～Bohmte)

www.museumseisenbahn.de

ミンデン・オーバーシュタット駅

ヒレ駅でのSL機廻し

ヒレ
Hille
終着駅折り返し

水車・風車巡りの自転車道
(Mühlenroute)

ミッテルラント運河
Mittellandkanal

ボームテ駅でディーゼル連結

B 西方面へ
(SL又はディーゼル)

プロイシシュ オルテンドルフ
Preußisch Oldendorf
保存鉄道始発駅
アクセスが不便

ラーデン
Rahden
(Kr Lübbecke)

ボームテ
Bohmte
保存鉄道折り返し駅
DBボームテ駅で乗換便利

ホルツハウゼン-
Holzhausen-
ヘッディングハウゼン
Heddinghausen

eurobahn
OWL-Netz

C
(低床ディーゼル)

ボームテ
Bohmte
DB駅下車

廃線ではなく路線は残っている。
路線沿いをポタリングし、
ホルツハウゼン・ヘッディングハウゼン駅へ

オスナブリュック
Osnabrück Hbf
駅乗換

ヘルフォルト
Herford
DB、ユーロ鉄道の乗換

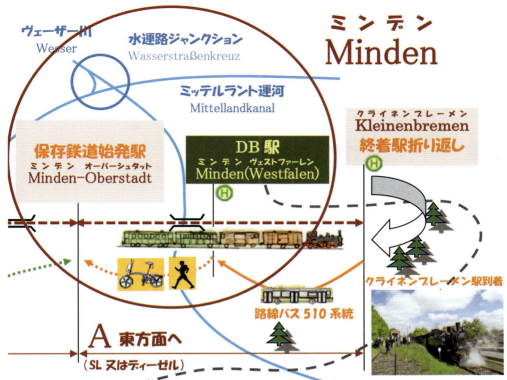

　ミンデン保存鉄道はかつてのミンデナー・クライスバーンの路線を用いて、プロイセン時代の歴史的な機関車や客車を運行していることを知った。 そのきっかけは、ヴェーザー川自転車道を折り畳み自転車で旅している途中、ミンデンの観光案内所 i に立ち寄った時のことであった。 保存鉄道のパンフレットを入手し、ノスタルジックなSLの特別運行があると知った私はミンデン泊に決めた。

　翌日の日曜日の朝一番、ミンデン・オーバーシュタット駅を訪れてみた。 出発が近づくとサイクリストのグループが自転車専用貨車に自転車を積み込んでいる。 なるほどと、続いて私も自転車をそのまま積み込んだ。 身軽になりクライネン・ブレーメンまでの往復を乗り鉄で楽しんだのは良いが、戻ってみるとなんと、専用貨車は空っぽで私の自転車がない！ 慌ててスタッフに聞くと片道乗車と思い終着のクライネン・ブレーメンで降ろしてしまったらしい。 自転車族の中で私だけが往復で乗車し、グループの皆さんは下車してサイクリングに行ったようである。

　ということは私の相棒ブロンプトンが一人ぼっちで泣いているのだ。 その後、親切なスタッフが車で引き取りに行ってくれ、その間待つこと数十分、やっと再会できたのである。 この場合、貨車に預けるときには終着駅で降ろさないで、往復乗車して戻ってくることを伝えるべきであった。 旅も仕事も経験が大切と私の口癖だが、今回も良い学習をさせてもらったのである。

　こんな経験も過ぎてみれば楽しい思い出となり、2009年以降3回も訪れ、今ではミンデンSLの大好きファンである。

131

西方面に運河と並行に走りヒレ(Hille)へ

保存鉄道の始発駅となっているミンデン・オーバーシュタット駅(Minden-Oberstadt)から西方面へ、ミッテルラント運河(Mittellandkanal)と水車・風車巡り自転車道「ミューレンルート(Mühlenroute)」に並行に走り、ヒレ(Hille)迄の約14km、約45分、途中の停車駅は一つだけ、風車のある最寄り駅でもあるシュペッケン(Specken(Windmühle))駅、ノスタルジックなSL旅である。列車は出発すると間もなく運河を渡るトラス橋にさしかかるので、カメラを構えよう。

この運河は、ドイツ北西部にあるドルトムント・エムス運河のベルゲスヘベーデから中東部のマクデブルクでエルベ川に接続する全長330kmの運河。この運河によってライン川からエルベ川間の航行が可能となった。

保存鉄道は乗車してから車内でチケットを購入できるが、駅舎内に昔スタイルの切符売り場があるので往復券(Rückfahrkarte 14€)を購入。又、保存鉄道の歴史展示館もあるので覗いてみよう。

今日の主役はプロイセンのT13型シュテッティン7906号機(Stettin 7906 製造メーカ:UNION 製造場所・年:Königsberg 1908)、出発準備が完了して髭の機関士は余裕である。

132

ミンデン・オーバーシュタット(Minden-Oberstadt)、出発準備完了

型式：T13 "Stettin 7906"

路線の歴史と保有する蒸気機関車はプロイセン時代 1908 年製造
終着ヒレ駅での機廻し時、機関士からの手招きで機関室に同乗

　この路線はミンデン郡鉄道(MKB:Mindener Kreisbahnen)という民間会社の所有する貨物線で、保存鉄道はその線路を使用している。 もともとは当時のミンデン郡(Kreis Minden)が建設した狭軌鉄道である。 建設費を抑えるために、軌間はメーターゲージ(1000 mm軌間)とすることで曲率半径が小さくでき、軌盤も簡素に設計できた。 1896 年にミンデンから北線としてウフテ(Uchte)まで 30.2 kmの路線で貨客輸送を開始し、西線としてリュベッケ(Lübbecke)までの路線 26.9 km、東線としてクラインブレーメン(Kleinenbremen)までの路線 12.2 kmと、支線も含め順次開業し、1921 年には扇型に広がる路線網が完成したのである。

　国鉄の貨車を乗り入れさせるため、当初は標準軌の貨車をそのまま載せる狭軌の専用車両ロールボック(Rollbock)が使用されていた。 しかし、輸送効率が悪いので 1920 年代から 1957 年までに全線で標準軌への改軌を終えた。

　第二次世界大戦後はモータリゼーションのあおりをもろに受け、旅客輸送が不振に陥った。 1974 年には旅客列車は全廃となる。 追うようにして路線の廃止や休止、最盛期に 80 kmもあった MKB の路線網は、現代 30 km弱まで縮小している。 ミンデン保存鉄道の走る路線はかろうじて余命をつないでいる MKB の路線なのだ。

　1974 年、ヴェーザーベルクラント蒸気鉄道(Dampfeisenbahn Weserbergland)という愛好家団体がここで特別列車の運行を始め、そこからミンデン保存鉄道が組織的に独立して、活動を引き継いだ。 蒸気機関車は 2 両保存されているが、今日の運行は、旧プロイセンのケーニヒスベルク(Königsberg)で 1912 年に製造された"T13型 7906 号機シュテッティン(Stettin)"である。 今年 104 歳となる蒸機はノスタルジックな客車を牽引し、いまなお現役でメロー人生を謳歌している姿は力強く、私達に生きる勇気を与えてくれる。 そんな蒸気に会いに今回で 3 度目の正直、やっとブルースカイと黄色一面の菜の花畑が迎えてくれた。

機関室に誘ってくれた機関士
売店のある貨車に乗車

売店と食堂車は木の温かみが感じられる

　機関士が機関室に乗って来いよと手招きしてくれた。　タラップを上るとそこは各種の圧力計、使い込まれて黒光りしているハンドルやレバーで埋め尽くされた黒い生き物のようである。　機関車はプロイセンのT13型シュテッティン、1908年製造なのでもう108歳なのだがまだまだ現役である。　操作を説明してくれるがドイツ語なのでグッド！　の連発しか言えない。　機関士という仕事への誇りと愛着が感じられた。

　自転車は折り畳まないでそのまま売店のある貨車に積み込んで良いとのこと、この車両ではパンフレットや鉄道グッズ、絵葉書、鉄道模型が販売され、コーヒー等の飲み物や軽食もあり、スタッフの事務所でもある。　日本から来たと挨拶をしたことで双方緊張が解け、顔の表情が緩む。　今日の自転車連れのお客さんは私のみ、以前 2 度訪れているが、季節によりサイクリストが多く乗車している列車もあり、その時は専用貨車が連結されている。　食堂車となっている客車の模型(HOゲージ)を購入。

ミンデン・オーバーシュタット駅

　ミンデン・オーバーシュタット駅での出発前のひとコマ、時代がタイムスリップしたかのようなひと昔前のレトロな衣装を身に着け、楽器やトランクを持参し、音楽隊の旅出発風景を再現したようだ。　集合写真を撮り、列車で旅せずに笑顔を振りまき退散してしまった。　いったい何の集まりなのか？　傍の構内では低床ディーゼル機関車が車両の入れ替え作業に忙しい。

菜の花の香りと煙の匂いがミキシングして、素晴らしい香り風

出発するとミッテルラント運河を渡り住宅地に沿って走るが、車窓からは手入れの行き届いたガーデニングが楽しめる。 街から抜け出すと菜の花畑、一面黄色の世界に迷い込む。 路線は一直線、運河に並行に走るのだが貨物船が航行するのが見える。 運河との間には水車・風車巡り自転車道が走り、長閑な田園地帯に風力発電やロマンティックな風車が現れ、新旧の風車と牧歌的な風景に出会える。 約45分で終着ヒレ駅に到着する。

終着駅ヒレでの機廻し作業に、機関士の好意で機関室に同乗

たった一つの途中停車駅は、風車のある最寄り駅でもあるシュペッケン(Specken(Windmühle))駅

ジュートヘンメルン風車
(Windmühle Südhemmern)

ミンデン・オーバーシュタット駅に戻り、お疲れ様

ヒレ駅での機廻し時に機関室へ乗れ！ と機関士が手招き、機廻し連結作業を機関室から初体験である。 機関士の前方確認、レバーを握る迫力はプロとして仕事に誇りを持っていることが伝わってくる。 機関室に搭乗、走行体験と、初めての経験は別世界だ。

ヒレ駅から水車・風車巡り自転車道を走りミンデンに戻ってみよう！

　今日の特別運行日はディーゼル機関車が牽引するディーゼルツーク、蒸機も良いがディーゼルエンジン音のサウンドも期待している。　機関車側面には、この路線を保有している民間会社(MKB社)のロゴマークが良く目立つ。

　ミンデン・オーバーシュタット始発駅でサイクリングツアーのグループに紛れ込んで私も自転車専用貨車に積み込む。　朝の雨上がりの駅は水車・風車巡りの自転車道を楽しむサイクリストで一杯である。　あいにくの天気だが皆へっちゃら。　私も終着駅ヒレからこの自転車道を走り、ミンデンに戻る。さあ、出発！

　ミッテルラント運河を渡る橋から航行する船をのぞいたが、なんと一直線、さすが本物の運河である。　運河見物の後、自転車道に戻り広大な牧草地を進むとジュートヘンメルン風車(Windmühle Südhemmern)が現れた。　なんと1880年に建てられ大切に保存されている。　この日、風車の周りでは田舎の祭りだろうか、ビヤガーデン、手作りのケーキや黒パンの露店が出て大賑わいであった。　ミンデン保存鉄道のシュペッケン(Specken)駅から歩いて 7～8 分と近く、ハイキングのグループに人気があり、週末と休日にはこの駅の乗り降り客が多いようだ。

　風車の二つ目、ハルトゥム風車(Windmühle Hartum)はすぐ先の田舎町ハルトゥム(Hartum)にあり、ここも1877年に建てられた煉瓦造りでよく保存されている。　この田舎の周辺にはパン屋さん、レストラン、スパーマーケットがある。

　さあ、帰ろう！　路線沿いの一本道を快速走行、夕日の太陽で自転車の影が路面に映り、走行しながらの撮影にチャレンジした苦労作品である。　自転車で風車街道を走るのに便利なのがBVA(Bielefelder Verlag)社の風車街道自転車地図(Mühlenroute)がお勧めである。

142

数年前、ウェーザー川自転車道をポタリングしたときに寄り道し、保存鉄道を訪れた。 運行した蒸気機関車は旧プロイセンのケーニヒスベルク(Königsberg)で 1908 年に製造された"T11 型 7512 号機/ハノーファー(Hannover)"であったが、ボイラーの損傷でやむなく休止中である。 従って、もう一台の T13 型 7906 号機シュテッティン(Stettin)が運行を一手に引き受けているようだ。

ミンデン・オーバーシュタット(Minden-Oberstadt)

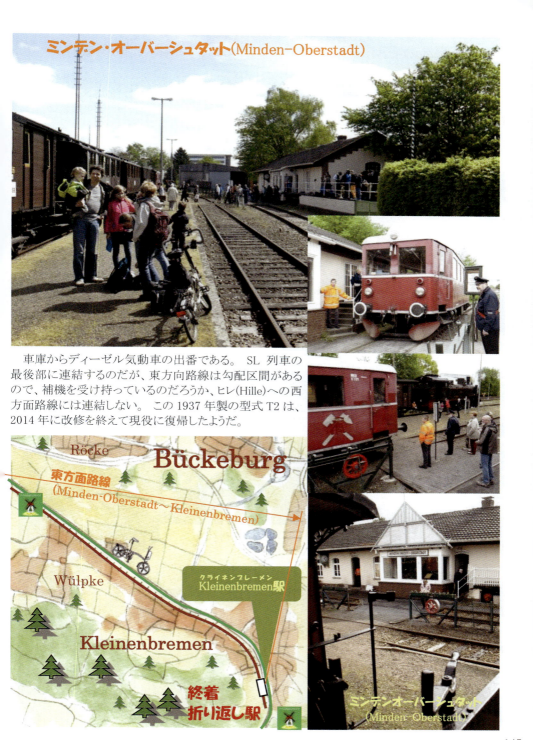

車庫からディーゼル気動車の出番である。 SL 列車の最後部に連結するのだが、東方向路線は勾配区間があるので、補機を受け持っているのだろうか、ヒレ(Hille)への西方面路線には連結しない。 この 1937 年製の型式 T2 は、2014 年に改修を終えて現役に復帰したようだ。

Minden-Oberstadt駅からKleinenbremen駅へ 乗り鉄

　ミンデン・オーバーシュタット駅を出発すると列車は右、左とに大きくカーブしながら雑木林と住宅の間を抜けると、ヴェーザー川(Wesser)にかかる鉄骨トラス橋梁にさしかかる。　煌々と流れるヴェーザー川の眺めは素晴らしい。　川に沿って走るヴェーザー川自転車道(Wesser-Radweg)をサイクリングするサイクリストが手を振ってくれる。

　工場建屋の間を進むと DB 路線に合流するが広い貨物ヤードが現れる。　住宅地をすり抜けながら左にカーブ、道路と平行に仲良く一直線の路線となり、菜の花畑や牧草地の中を快

ビュッフェでコーヒタイム

ヴェーザー川に架かる橋梁

雑木林と住宅の間を進む SL

鉄道のグッズ売り場

146

調にガタゴト走るのだ。 尚、この道はヴェストファーレン水車・風車巡りの自転車道(Mühlenroute)でもあり、自転車で風車巡りをしながら撮り鉄もよい。 ビデオ撮影する若者に遭遇した。 クライネンブレーメンの住宅地を走り、旧鉱山の工場跡地を過ぎると、終着クライネンブレーメン駅である。 もと鉄鉱石の採掘場で、今はミンデン郡鉄道の子会社が経営する博物館と鉱山のツアー見学施設(Besucher-Bergwerk)がある。 駅で下車した乗客は博物館やツアー見学後、路線バス(510系統)でミンデンに戻るようだ。 というのは、SL列車は一往復/日だから。

駅での蒸機の機廻し作業は、駅の機廻し線を使う場合と列車をバックさせて工場の引き込み線で行うこともある。

終着駅 Kleinenbremen（クライネンブレーメン）には、鉱山博物館と見学ツアー施設がある。

　東方面クライネンブレーメン迄の路線は、広大な草原、雑木林の森を潜り、菜の花畑と続き、春到来のそよ風は菜の花の香りを運んでくれる。　車窓から身を乗り出して撮影、蒸機の吐き出す煙がやってくるが、その匂いは負けずと劣らず懐かしい日々を私達に届けてくれる。

鉱山見学施設入り口

後部はディーゼルの補機　　中間客車はノスタルジック　　先頭は蒸機 "Stettin" 7906

148

終着駅クラィネンブレーメンには鉱山博物館があり、見学ツアーで鉱山トロッコに乗り、旧鉱床を見学できる。今回は、この駅では機廻しせずに少しバックしで移動したところにある工場引き込み線を利用して蒸機は前に、ディーゼル気動車は後部へと機廻しを行う。（前回は乗客を一度降ろし、この駅で機廻し作業を行っている。）

この東方面の路線には勾配区間があるためか、後部にディーゼル気動車を補機として連結しているようだ。この気動車の側面には鉱山のロゴマークが塗装されているが、鉱山の構内で鉱員達を運んでいたのかも知れない。尚、このディーゼル気動車は1937年製造、型式T2は2014年に改修を終えて現役に復帰している。

ディーゼル機関車の運行日には路線を保有している民間会社(MKB)のロゴマーク「mkb」がペイントされた機関車が活躍する。

終着駅クラィネンブレーメンに到着（ディーゼル運行）

終着駅クラィネンブレーメンに到着（型式：T13"Stettin 7906"）

もう一つのミンデン保存鉄道路線　(Preußisch Oldendorf～Bohmte)

プロイシシュ・オルデンドルフ駅

　ミンデン保存鉄道では、始発駅のミンデン・オーバーシュタットから西・東方面へと乗車したが、もう一つの運行路線があるのでどうしても訪れたいと、日程をやりくりし特別運行日に出かけたのである。
　ミンデンから移動し、前泊したヘルフォルト(Herford)駅からはヴェストファーレン鉄道(Westfalen Bahn)に乗車し、オスナブリュック(Osnabrück Hbf)駅で乗り換え、ブレーメン行DBのダブルデッカー2階客車、プッシュプル列車でボームテ(Bohmte)駅着。少し遠回りとなったが、やれやれである。

　ミンデン郡鉄道が、1898年～1921年にかけてミンデンから扇形に広がる路線網として北のウフテ(Uchte)へ、西のヒレ(Hille)からリュベッケ(Lübbecke)へ、東のクライネンブレーメン(Kleinenbremen)へと総延長約 80 kmの狭軌路線網を開通させた。 ミンデン保存鉄道 Museumseisenbahn Minden(略称:MeM)はこの路線の内、廃線を免れた一部路線(ミンデン～ヒレ、ミンデン～クライネンブレーメン)で運行している。 このかろうじて生き残っている路線を所有しているのはミンデン郡鉄道 Mindener Kreisbahnen(略称:MKB)という民間会社が保有し、貨物線としてどうにか余命をつないでいる。
　保存鉄道としてもう一つ運行している生き残り路線は、ミンデンの西約 30 kmにあるプロイシシュ・オルデンドルフ(Preußisch Oldendorf)の田舎を始発駅に DB 路線の駅ボームテ(Bohmte)までの区間。 低床式ディーゼル機関車(駅構内の作業用)がノスタルジックな客車を牽引する列車やボンネットタイプのレトロな旧レールバスがトコトコと片道 40 分、ミッテルラント運河が流れる田舎町と広

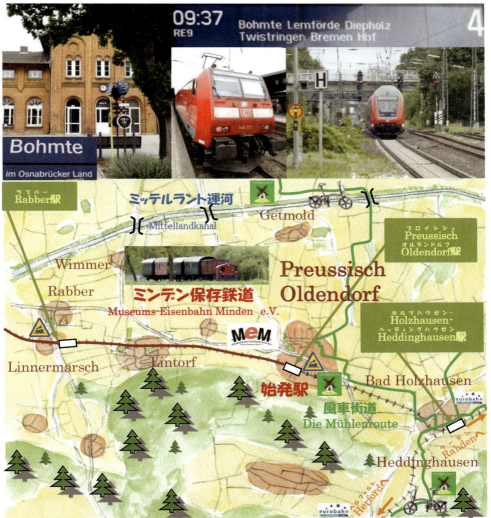

大な牧草地の中を5月、8月、10月と、3か月のみの特別運転日に運行される貴重な路線なのだ。

　民営化されたユーロ鉄道(Eurobahn)のホルツハウゼン・ヘッディングハウゼン(Holzhausen Heddinghausen)駅から分岐し、保存鉄道の始発駅であるプロイシシュ・オルデンドルフまでの路線は休線として残され、その先は保存鉄道が運行しているドイツ鉄道のボームテ駅まで繋がっている。　路線はオスナブリュック郡交通企業 Verkehrsgesellschaft Landkreis Osnabrück GmbH (旧ヴィットラーゲ郡鉄道 Wittlager Kreisbahn)所有の路線で貨物線として使われているようだ。

　始発駅プロイシシュ・オルデンドルフへのアクセスは、ユーロ鉄道のホルツハウゼン・ヘッディングハウゼン駅からの鉄道路線はあるが、旅客運行がない。　従って、DBのボームテ駅下車、駅前の保存鉄道ボームテ駅(終着折り返し駅)からの乗車がお勧めである。　ちなみに、私はこの保存鉄道には2度訪れているが自転車持参なので、ユーロ鉄道のホルツハウゼン・ヘッディングハウゼン駅からもアプローチをかけることができた。

151

ボームテ(Bohmte)駅から
ミンデン保存鉄道ディーゼルに乗車

　今日は、ドイツ各地の駅でよく見かける、低床式ディーゼル（駅構内の作業用）が主役、古典的な客車を牽引する特別運行日である。牽引車両の構成は、自転車積み込み用の貨車、売店のあるビュッフェ車両、客車3両の計5両編成である。

　プロイシシュ・オルデンドルフ(Preußisch Oldendorf)11:00発、ボームテ(Bohmte)11:42着の一番列車をボームテ駅と郊外の牧草地で待ち受け、撮り鉄をしようという魂胆である。

　ボームテ駅に余裕をもって9:49に着いたので、さっそく町はずれの新緑が美しい撮影ポイント探しをする。　路線に沿って進むと踏切。道路は路線を横断する。この先が樹木に囲まれた牧草地となる。　しめしめとここに決定。焦らされたが来たぞ、トコトコと静かにやってくるので注意しないと撮り損ねる。　撮ると同時に自転車に飛び乗り、追いかけの開始、駅に戻ると機廻し作業中、間に合ったぞ。

　10:00発に乗車、先頭車両のデッキに陣取る。　ディーゼルは低床なので見晴らしは良いのだ。　プアーンと警笛を鳴らし、出発進行！

ミンデン保存鉄道
Museums-Eisenbahn Minden e.V.

ミンデン保存鉄道(MeM)のボームテ駅での機廻し作業

町はずれの新緑撮影ポイント

運行日により、低床ディーゼルかガソリンレールバスとなる。

Von Preußisch Oldendorf nach Bohmte

低床ディーゼル
Historischer Zug mit Diesellok

14. Mai (Himmelfahrt), **2. August**, **3. Oktober** = Teddybärenfahrt *(Kinder mit Kuscheltier fahren gratis)*

Preußisch Oldendorf	ab 11.00	an 12.45	ab 13.30	an 15.13	ab 15.45	an 17.28
Rabber	ab 11.15	ab 12.30	ab 13.45	ab 14.58	ab 16.00	ab 17.13
Bad Essen	ab 11.30	ab 12.15	ab 14.00	ab 14.45	ab 16.10	ab 17.00
Bohmte	an 11.42	ab 12.00	an 14.12	ab 14.30	an 16.27	ab 16.45

Bedarfshalte: Lintorf, Wittlage, Wehrendorf

ガソリンレールバス
Triebwagenfahrten

- **26. April:** Spaß auf der Straß' – Bohmte Pendelfahrten Bohmte / Wittlage
- **21. Juni:** Bahnhofscafé in Wehrendorf Pendelfahrten
- **11./12. Juli:** Holzmarkt Bad Holzhausen Pendelfahrten Bahnhof – B 65
- **25./26. Juli:** Hafenfest Bad Essen
- **13. Sept.:** Tag des offenen Denkmals Fahrt zum Hafen Wehrendorf – von dort geführte Wanderung
- **26./27. Sept.:** Bohmter Markt Pendelfahrten Bohmte – Wittlage

Historisch unterwegs
Fahrplan 2015

Museums-Eisenbahn
Minden e.V.

Minden-Oberstadt – Kleinenbremen / Hille
Preußisch Oldendorf – Bohmte

www.museumseisenbahn-minden.de

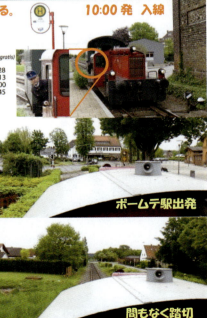

10:00 発　入線

ボームテ駅出発

間もなく踏切

プロイシシュ・オルデンドルフ (Preußisch Oldendorf)行き乗車

ミッテルラント運河 (Mittelland Kanal)

トラス鉄道橋

　ボームテ駅を出発するとミッテルラント運河(Mittelland Kanal)にかかるトラス橋にさしかかる。 路線は左に運河と右にヴィーエン山地(Wiehengebirge)の小高い山並みの北側に沿って、広大な牧草地と田舎町の中を進む。

　町中では家族4人連れとベンチに腰をかけた人形に手を振り挨拶をする。 途中のバート・エッセン(Bad Essen)駅では二組の家族連れが乗り込んでくる。 ベビーカー、自転車を貨車に積み込むのも日常茶飯事なのだ。 麦畑の監視小屋のある傍を走る。 秋には黄金の麦畑になることだろう。 約40分でプロイシシュ・オルデンドルフ(Preußisch Oldendorf)に着く。

ヴィーエン山地(Wiehengebirge)の小高い山並み

春

春は牧歌的な菜の花畑の中をトコトコ走る

秋

秋にはそこが、トウモロコシ畑となるのだ

バート・エッセン(Bad Essen)駅

麦畑の監視小屋

プロイシシュ・オルデンドルフ(Preußisch Oldendorf)駅に到着

プロイシシュ・オルデンドルフ
(Preußisch Oldendorf)発
ボームテ(Bohmte)行き乗車

プロイシシュ・オルデンドルフ(Preußisch Oldendorf)12:00 発に乗車するのだが、雨が止まない。 交通の便がないので皆は車でやってくる。ちなみに私は民営化されたユーロ鉄道(Eurobahn)のホルツハウゼン・ヘッディングハウゼン(Holzhausen Heddinghausen)駅から自転車でアプローチである。(約5km)

乗客は客車内に逃げ込んでしまったのでプラットホームにいるのは雨ガッパを着た私だけ。 ビュッフェ車両に乗り込むと先客は家族連れと夫婦、スタッフの方と井戸端会議している。

ビュッフェ車両にある鉄道グッズの売店でドイツ保存鉄道の時刻表を購入(Kursbuch der deutschen Museums-Eisenbahn)した。 この本は優れもので全州の保存鉄道を網羅していて、毎年探して購入するのが楽しみとなっている。 実は種明かしをすると、この本がバイブル、そのお陰でドイツ保存鉄道の追いかけができている。

雨なので車窓の景色もそこそこに、温かいカプチーノを飲みながら、ガタン、ガタンと心地よい揺れで眠くなる私。 途中バート・エッセン(Bad Essen)駅に停車、ボームテ駅には 12:45 に到着。 約 45 分の雨の中、ローカルなスローな旅も良いものだ。

プロイシシュ・オルデンドルフ
(Preußisch Oldendorf)駅

雨なので乗客は客車内に逃げている

最後部は売店のあるビュッフェ車両

駅舎にはレストランがあるが
特別運行日のみ営業

8. 保存鉄道 ラーデン～ウフテ

(Museums-Eisenbahn Rahden-Uchte)
赤いレールバス乗り鉄 編
ラーデン駅(Rahden)～ウフテ駅(Uchte)

　保存鉄道としてノスタルジックな赤いレールバス(Schienenbus)はラーデン(Rahden)とウフテ(Uchte)間の路線、25 kmを約 1 時間で運行している。 このレールバスは統括制御が可能なので、通常 3 重連で運転され、前後の車両は制御・動力車、中間車両はトレーラで駆動は無し、自転車積み込み専用車両となっている。

　このレールバスは、第二次世界大戦後に旧西ドイツで製造されたローカル線向けの旅客ディーゼル気動車、今では現役を引退しているのだが、もう 50 歳以上の年齢なのに頑張っているのだ。 路線は古い農場で牛や馬が幸せそうに草を食む長閑な風景の中を、トコトコ心地よい振動と警笛を鳴らしながら進むのである。 警笛で鹿やウサギが逃げ出し、キジや鴨がざわざわと飛び立つ。 途中の停車駅で降り、自転車や徒歩で自然の中を散策しながら、ビヤガーデンやカフェレストランで心と体をリフレッシュしよう。

　この路線は、1910 年にはラーデンからニーンブルク(Nienburg)迄開通したが、中区間のウフテ

Unsere Fahrpreise

Gesamte Strecke Rahden–Uchte

Einfache Fahrt	8,00 €
Kinder	4,00 €
Hin- und Rückfahrt	12,00 €
Kinder	6,00 €

Die Ermäßigung gilt für Kinder zwischen 4 und 14 Jahren.
Teilstrecken sind entsprechend günstiger.
Die Fahrradmitnahme ist kostenlos.

Gruppen ab 12 Personen erhalten Ermäßigung; sie sollten sich möglichst frühzeitig anmelden.

Familienkarte für zwei Erwachsene und bis zu drei Kinder

Einfache Fahrt	20,00 €
Hin- und Rückfahrt	30,00 €

Unsere Sonderfahrten

Auch in diesem Jahr bieten wir neben unseren planmäßigen Verkehrstagen eine Reihe von Sonderfahrten an, zu denen wir eine frühzeitige Anmeldung empfehlen.

4. Juni – An Fronleichnam zum Bauerncafé und zum Einkaufen

Wir starten um 14:00 Uhr am Rahdener Bahnhof zu einer Fahrt in Richtung Uchte. Im musealen Gehannfors Hof gibt es Kaffee und Kuchen, bevor es nach Lavelsloh zum Einkaufen geht.

Um 17:30 Uhr ist die Rückfahrt nach Rahden vorgesehen, wo Anschluss an die Eurobahn nach Bielefeld und Münster besteht.

Informationen zur Museums-Eisenbahn erteilen:
Wilfried Wagenfeld Tel. 05771-3304   Fax 05771-3304
Berndt v. Mitzlaff Tel. 05771-94592 Fax 05771-94591

Fahrplan 2015
Museums-Eisenbahn Rahden–Uchte

Verkehrstage
- 14. Mai Himmelfahrt
- 14. Juni
- 12. Juli
- 9. August
- 13. September
- 3. Oktober

Sonderfahrten (nach speziellem Fahrplan)
- Mi., 11.03. von Rahden zum Haxenessen nach Uchte
- Do., 04.06. Fronleichnam – Kaffeefahrt von Rahden
- So., 01.11. Allerheiligen – zum Schlachtefest nach Uchte
- Sa., 28.11. von Uchte zum Weihnachtsmarkt nach Rahden
- Sa., 05.12. Nikolausfahrten nach Bohnhorst
  + So., 06.12.
- sowie auf Bestellung – auch über DB-Strecken

Fahrplan Rahden–Uchte

km	Zug Nr.		401	403	405
	Eurobahn v. Bielefeld an			10:50	14:50
0	Rahden	ab	08:45	11:00	16:00
4	Tonnenheide		08:51	11:06	16:06
6	Hahnenkamp		08:55	11:10	16:10
9	Lavelsloh-Diepenau		09:03	11:18	16:18
14	Bohnhorst		09:11	11:26	16:26
17	Gehannfors Hof		09:17	11:32	16:32
18	Warmsen		09:20	11:35	16:35
25	Uchte	an	09:40	11:55	16:55

Fahrplan Uchte–Rahden

km	Zug Nr.		402	404	406
0	Uchte	ab	9:50	13:30	17:00
7	Warmsen		10:10	13:50	17:20
8	Gehannfors Hof		10:13	13:53	17:23
11	Bohnhorst		10:19	13:59	17:29
16	Lavelsloh-Diepenau		10:27	14:07	17:37
19	Hahnenkamp		10:35	14:15	17:45
21	Tonnenheide		10:39	14:19	17:49
25	Rahden	an	10:45	14:25	17:55
	Eurobahn n. Bielefeld ab		11:05	15:05	19:05

Internet: www.museumsbahn-rahden.de
E-Mail: info@museumsbahn-rahden.de

Museums-Eisenbahn
RAHDEN – UCHTE

Informationen
Reiseziele
Fahrplan 2015

Unsere Museumsbahn

befindet sich mit unserer mehr als 130 Jahre alten Schienenstrecke zwischen Rahden und Uchte in der langen Tradition der Rahden-Stag Eisenbahn in Bonn, vertreten durch einen zeitlichen Betriebsverein.

Die Aktiven unter der 120 Museums-Eisenbahn Rahden-Uchte e.V. arbeiten ehrenamtlich. Nachwuchs ist deshalb herzlich willkommen. Neben der Arbeiten an der Strecke werden in den Lokschuppen des ehemaligen Rahdener Bahnbetriebswerkes Wartungs- und Reparaturen der Fahrzeuge vorgenommen. Außer den Schienenbus aus unserm 300 PS starken Motor- und zwei Steuerwagen gehören der Museumsbahn ein Nienburg wie ein 800 PS Diesel-Klimikk für Rangier- und Arbeitseinsätze sowie Güter- und Arbeitswagen. Der Mitropa-Speisewagen von 1928 ist auf dem Rahdener Bahnhof das ganze Jahr als Aufenthaltsraum und Fahrkartenausgabe.

Für die Aktiven wird der 130 000 Fahrgäste gezählt. Das zwölfköpfige Eisenbahnerteam unternehmen es die Rhein-Steg-Eisenbahn in Bonn, vertreten durch einen zeitlichen Betriebsverein.

ラーデン(Rahden)駅の横にはターンテーブルのある扇形車庫がある。

保存鉄道の始発駅、ラーデン(Rahden)駅

からリーベナウ(Liebenau)間は数十年来放置され、撤去された。 ニーンブルクまでの残りの区間は、貨物輸送に使われているようだ。 生き残ったラーデンとウフテ間は、2003年からRahden-Uchte保存鉄道協会により運営されているが、ミンデン保存鉄道のグループで設立され、その下で1991年からこの区間を運行している。

　管轄している鉄道会社はボン(Bonn)にある Rhein-Sieg-Eisenbahn である。 この協会の会員は120人程、ボランティアで運営し、路線の整備やラーデン機関区の車庫では車両の整備と修理を行っている。 保存鉄道のラーデン駅では1928年製ミトローパ(Mitropa)社の食堂車が、待合室と乗車券販売所として使用されている。

民営化されたユーロ鉄道(Eurobahn)のラーデン(Rahden)駅(終着、折り返し駅)

保存鉄道がお勧めの Bahn & Bike「鉄道と自転車」のルート

Bahn & Bike

Rahden
Uchte
Museumseisenbahn

Rahden駅 ラーデン

Diepenau
Landkreis Nienburg/W.

Wehe

Essern
Gemeinde Diepenau
Landkreis
Nienburg / Weser

Bahn & Bike 自転車道

Nordel

シュパーゲル料理レストラン
「Spagelhof Winkelmann」

Nutteln

始発駅

Lavelsloh-Diepenau

ラーデン
Rahden

Tonnenheide

Hahnenkamp

Diepenau

ユーロ鉄道
ラーデン駅

Eisenbahnstraße

シュパーゲル料理レストラン
「Spagelhof Winkelmann」

　5月、タンポポや菜の花畑で黄色に染まる湿原や牧草地。待ち遠しかった春の訪れが感じられる、アスパラガスの収穫の時期でもある。今日はブルースカイ、そうだ！アスパラガスの料理が自慢の「Spagelhof Winkelmann」ではオープンテラス席の黄色いパラソルが開いているに違いない。

　ラーデンからウフテまでは赤いレールバスに乗車、自転車を丸ごと積み込める。ウフテ駅からサイクリングをスタート、自然いっぱいの大湿原(Großes Moor)の中に入って行く。エッセルン(Essern)という田舎にはウフテ湿原鉄道「Moorbahn Uchter Moor」というフェルトバーン(産業用トロッコ鉄道)がある。

　湿原(Moor)には低温や過湿などのため植物の分解が進まず、泥炭が堆積している。以前は採掘し乾燥して燃料に使用されていたが、今では園芸や農業用の肥料、土壌改良剤に利用されているようだ。この大湿原に観光用トロッコが運行されている。期間は4月から10月までの土曜と日曜日の14:00からオープンしている。バスでもアプローチができ、ウフテバスセンター(Uchte ZOB)から路線バス70系統と75系統を乗り継いで、エッセルン・オスターロー(Essen Osterloh)バス停留所で下車すれば良い。

　アスパラガス畑、菜の花畑、麦畑や新旧の風車を見ながら快走し、保存鉄道のトネンハイデ(Tonnenheide)駅から近いシュパーゲル料理レストラン「Spagelhof Winkelmann」に寄り道し、店のウエイトレスがお勧めの田舎道を走り、ラーデン駅に到着。

赤いレールバス
ラーデン(Lahden)駅の乗り場

　保存鉄道のラーデン駅に 14:25 着の列車が戻ってきた。　降りる人と乗る人でいっぱい。中間トレーラ車両は自転車専用車、ラーデンからウフテに続く広大な湿地帯にはサイクリングロードが張り巡らされ、この保存鉄道の赤いレールバスと組み合わせた「Bahn＆Bike」という欲張りなプランがあるのだ。　これに決めた！

保存鉄道ラーデン(Lahden)駅の乗り場

16:00発に乗車するまでに時間に余裕があったので、レールバスの足回りを覗いてみよう。戦後の旧西ドイツがローカル線の近代化のため蒸機をディーゼルに置き換えるために製造された車両である。　設計思想はコストを安価に抑えるために当時のバスの部品を多用したのでシーネンブス(Schienenbus)と名付けられた。
　この気動車は2軸タイプ(貨車と同じ)なのに空気バネ、ディスクブレーキ、変速機は電磁クラッチ方式、動力伝達に流体継ぎ手を採用、統括制御(車両の連結が可能)できる。　当時のドイツ鉄道技術の高さが感じられる。
　乗り場横には旧食堂車が展示され、乗車券販売兼案内所 i では休憩してコーヒーが飲める。　尚、チケットは乗車し、車掌さんからも購入できる。

乗車券ありますよ！との掲示板

電磁吸着ブレーキ

乗り場の右に車庫、左に旧食堂車

165

赤いレールバスは走る！
警笛をプワーンと鳴らし‥‥‥

　赤いレールバスは走る。 路線沿いで笑顔を返してくれる皆に手を振りながら、メロー人生を謳歌している幸せ者である。 トコトコガタンガタンと心地よい振動は懐かしい子供の頃にタイムスリップできる。 なんと、ビールを片手に笑顔を振りまく自転車族に遭遇。 途中駅で子供が乗り込んできて、特等席で前方を見つめ動かない。 将来の夢は運転士に違いない。

　途中駅ボーンホルスト(Bohnhorst)の駅構内では祭りの催しがあり、子供達の歓迎を受け、運転士と乗客は手を振り答える。 運転士にとってこの瞬間がたまらなく、仕事のやりがいを感じるときでもある。

　遮断機や信号のない踏切ではスタッフが降り手旗信号、手動式開閉の両開き遮断機では両手でウインチ２台を回すのだ。 私も手伝いたいくらい結構忙しいのである。

手を振り笑顔いっぱい

ビール大好き自転車族

手を振り笑顔を振りまいた後は、運転士の顔に変身

スピードを落とし、踏切を慎重に通過

ボーンホルスト(Bohnhost)駅に停車

特等席

シルバースタッフも頑張っている。好きなんだ！

両開き遮断機は両手でウインチを回す。

手旗信号

167

赤いレールバスは走る！
皆の笑顔を一緒に乗せて‥‥‥

ウフテ(Uchte)駅に 16:55 到着。最終便は休む間もなく17:00折り返し出発なのである。昼の便はランチタイムということもあり、出発まで1時間 30 分の余裕があるのは良いが、駅前は旧駅舎があるのみ、ウフテの町は歩いても直ぐのところにカフェ、レストラン、市庁舎、案内所 🛈 があるのでご安心を。

家族連れや自転車族は降りてしまって(片道乗車)、帰り便の乗客は数人のみ、運転士も巻き込んでスタッフ二人と子供連れのお父さんがこの鉄道の話に夢中である。

沿線では皆が笑顔で手を振ってくれる。途中駅(Lavelsloh-Diepenau)では青空となり、夕方の西日を浴びながらラーデン駅に 17:55 到着。 お疲れさま。 スタッフだけを乗せて、引き込み線から車庫に戻って行った‥‥。

168

9、フェルダーフェライン鉄道
(Förderverein Eisenbahn Rinteln-Stadthagen e.V.)
赤いレールバス乗り鉄 編
リンテルン北駅(Rinteln-Nord)～シュタットハーゲン西(Stadthagen-West)
ブレーメン(Bremen)からリンテルン(Rinteln)へ鉄道の旅

　グリム兄弟の「グリム童話」にゆかりのある町を繋いだ観光街道、そのメルヘン街道沿いにある"鉄ひげ博士"が医者として活躍したハン・ミュンデンから"ハーメルンのネズミ捕り男"で良く知られたハーメルン、"ブレーメンの音楽隊"が目指したブレーメンを流れ、ヴェーザー川は北海に注ぎこむ。

　そのヴェーザー川沿いの町、リンテルン(Rinteln)からシュタットハーゲン(Stadthagen)迄赤いレールバスが保存鉄道として運行されている。(3月から11月までの特別運行日)

　リンテルン駅の直ぐ側にあるリンテルン北駅(Rinteln-Nord)を出発すると、上り坂の連続、ディーゼルエンジン音を吹かしながらぐいぐいと上って行くレールバス、こんな姿を見ているとまたまた私を虜にしてしまう魅力がある。

　この保存鉄道路線は、廃線となったリンテルン-シュタットハーゲン線であり、途中5か所の駅に停車し、約1時間弱で終着のシュタットハーゲン西(Stadthagen-West)駅に到着する。この駅は緑の木々に囲まれ駅舎もないので、折り返し出発までの約15分、乗客は皆ホームに降り、思い思いの時間を過ごすのである。このプラットホームからは見えないが、歩いて直ぐ側にミンデン(Minden)からのDB路線にあるシュタットハーゲン駅(Stadthagen)がある。

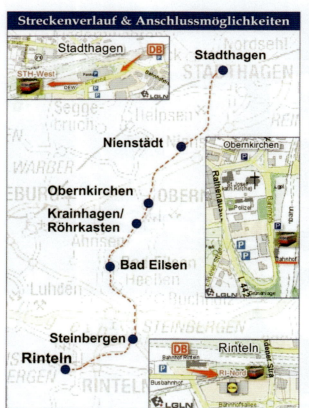

　今日はブレーメンから中央駅 8:15発のIC12035、電気機関車が客車を牽引するプッシュプル列車、自転車マークのある先頭の制御客車に乗車、自転車専用の置き場があり予約ができるようである。自転車料金が必要かもなので折り畳むことにした。運転席の後ろからは前方路線の景色が楽しめ、乗り鉄鉄ちゃんに変身。ハノーファー(Hannover)中央駅でSバーンに乗車、エルツェ(Elze(Han))駅でNordWestBahnのWeser-Bahn線、白・青・黄色塗装の新型ディーゼルに乗り換え10:45 リンテルン駅着。

　赤いレールバスの始発駅、リンテルン北駅は駅前の旧駅舎なのだが、民家となっていてトイレだけは使用しても良いようだ。旧駅舎の東側の樹木が茂ったところに乗り場、踏

切を隔てて煉瓦造りの車庫がある。 プワーンと警笛を鳴らし、木漏れ日が射すホームに駆動車と制御車の2両編成で入線してきた。

171

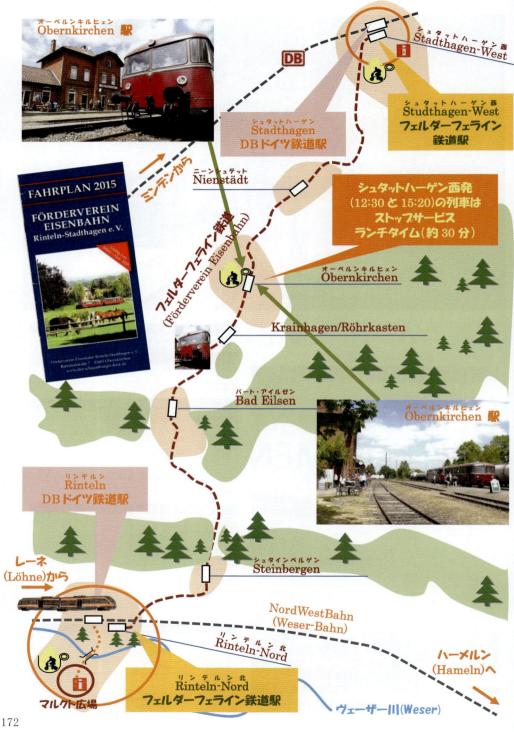

かつては路面電車がリンテルン駅からヴェーザー川を渡り、旧市街の中、今では歩行者天国となっているヴェーザー通り(Weserstr.)を走っていた。路線はさらに南へ旧 Extertalbahn としてバルントルプ(Barntrup)迄続き、全長約 27 kmの電化区間であったようだ。

ヴェーザー川に架かる橋を渡ると旧市街

ヴェーザー通り(Wesserstraße)

かつてはここを路面電車が走っていたのだ。

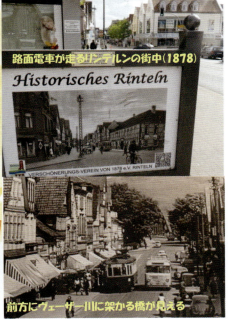

路面電車が走るリンテルンの街中(1878)

前方にヴェーザー川に架かる橋が見える

フェルダーフェライン鉄道
乗り鉄・撮り鉄 赤いレールバスの旅

NordWestBahn、Weser-Bahn 線のリンテルン(Rinteln)駅下車。 近年、ドイツのローカル線は民営化により新型ディーゼルに置き換わり、洗練された田舎路線に変わりつつある。 低床式となり、乗り降りのドア横には路線のパンフレットや時刻表が置かれ、自由に持ち帰れるのだ。

駅前にある立派な旧駅舎はリンテルン北駅、赤いレールバスはこの駅の奥、緑の樹木に囲まれ、木漏れ日の差す小さな公園のホームが始発駅である。

レールバスに自転車を積み込み、サイクリングする人達が集まってきた。 大人も子供もノスタルジックなレールバスの旅がこれから始まるのだが、昔を懐かしむかのように待っている。

リンテルン(Rinteln)駅舎
駅前売店は日曜日クローズ

リンテルン北(Rinteln-Nord)駅
駅前から路面電車が走っていたのだ
リンテルン(Rinteln)駅
車庫には蒸気時代の遺産

Förderverein Eisenbahn Rinteln-Stdthagen e.V.
リンテルン北駅(Rinteln-Nord)〜シュタットハーゲン西駅(Stadthagen-West)

上り勾配路線を赤いレールバスはディーゼルエンジンのパワー全開

先頭車両は満席

　リンテルン北駅を出発すると車掌さんはちょうどいい頃を見計らって切符を売りに来る。 往復切符 12€と自転車切符 2€を購入、早くから乗り込んだので先頭車の一番前の席を確保できた。 スタッフも鉄ちゃんのようで、運転席の周りに集まり、運転士を囲んで井戸端会議をするかのように 4人は路線前方を見つめる。 この運転チームは仲が良い。 上り勾配の続く森を抜けると小高い草原、黄色の草花が美しい。 三つ目の駅であるオーベルンキルヒェン(Obernkirchen)では 5 分間の停車、この旧駅舎は立派な煉瓦造りで、1 階にカフェレストラン、昔の駅事務所が保存されている。 一日のんびりしたい駅の一つである。 緑いっぱいの草原を進むとシュタットハーゲン西駅(Stadthagen-West)に到着する。

運転席のパネルは合理的でコンパクト、操作しない時はジャバラスライドカバーでほこり防止

シュタットハーゲン(Stadthagen)西

　終着シュタットハーゲン西(Stadthagen-West)駅に到着する。 この駅は緑の木々に囲まれ駅舎もないので、乗客は皆ホームに降り、休憩タイムである。 ブルースカイなので気持ちが良く、なんとこの日のためにかホームの雑草がきれいに刈り取られている。贅沢な時間が流れ、折り返し出発までの約15分もあっという間に過ぎてしまう。

　プラットホームの横は旧操車場のようで、古い型式の客車やディーゼル機関車が静態保存、動態保存もしているようだ。 よく見ると、入れ替え作業用の低床小型ディーゼルもあり、特別運行日には働くのかも知れない。

　このプラットホームからは見えないが、歩いて直ぐ側にミンデン(Minden)からの DB 路線であるシュタットハーゲン(Stadthagen)駅がある。

　帰りの先頭車両は制御車にバトンタッチ、なんと運転席の後ろがビュッフェカウンターになっている。座席は 2+3 の方向転換できる構造、この時代は固定シートが主流なのに凄い。 テーブルにはパンフレットをさらりと数枚重ね置き、食事メニュー、木製の花のディスプレイが何とも言えない。 さらりと見せるこのスタイルは昔からの習慣なのだろう。 日本から見ると新鮮に映る。

帰りの自転車は私のみ

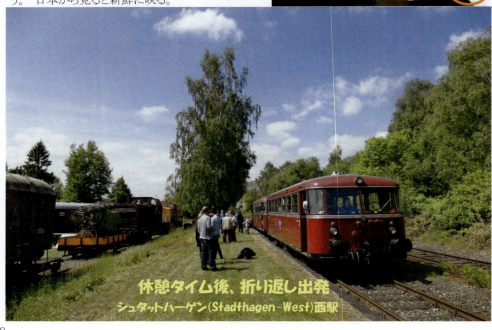

休憩タイム後、折り返し出発
シュタットハーゲン(Stadthagen-West)西駅

2両目は駆動車となるが、制御車と駆動車を組み合わせて連結し、統括制御ができるシーネンバスの実力はなかなかのものである。

　戦後の旧西ドイツではローカル線の輸送量増強が求められていた。 そこで、製造コストが低く、動力費も低減できる2軸式の小型ディーゼル気動車が開発されたのである。

　1950年に試作機、1952年から量産が開始、2000両以上も製造され、蒸気機関車に変わるローカル線の切り札として活躍した。 現在は定期運行が無くなり、鉄道のボランティア団体が運営する保存鉄道として、特別運行日には廃線を活用してロマンティックでノスタルジックな乗車旅を企画している。

　ドイツでは廃線となっても路線を撤去しないようだ。 何時の日か復活するのを待っているかのようである。 赤いレールバスはメロー人生を楽しみ、乗客は昔の懐かしい思い出を振り返る。

　家族や子供達と一緒に赤いレールバスの旅、鉄道遺産としての路線、駅舎、石橋、腕木式信号、車庫などを懐かしみ、子供の頃の自分を思い出しながら、旅するようである。

　最近、日本でも民営化されたローカル線が工夫を凝らした観光列車を走らせ人気となっているが、ここドイツでのノスタルジックな保存鉄道の旅は、質素で癒され、心も温かくなる。

179

オーベルンキルヒェン（Obernkirchen）駅
約35分停車 ストップサービスランチタイム

　帰りのオーベルンキルヒェン（Obernkirchen）駅ではカフェ・ランチタイムとして停車時間が約35分、なかなか粋な計らいである。　これまた立派な煉瓦造りの旧駅舎にあるカフェ・レストランで皆は休憩タイムとなる。　線路の脇にはオープンカフェ席もこの日のために用意されている。
　同乗したドイツ鉄ちゃんは食事もとらずにレールバスの周りをうろちょろし、撮影タイムとなるのである。

オーベルンキルヒェン(Obernkirchen)駅

約 35 分の停車 車掌さんとスタッフもランチタイム

リンテルン北駅(Rinteln-Nord)に到着、お疲れさま。

13:55 リンテルン北駅(Rinteln-Nord)に到着。 運転士、車掌とスタッフに挨拶、ダンケシェーン！ 笑顔を返してくれたが何事も挨拶から、気持ちが良い。 レールバスも何だか寂しそう。 また来るから有難うとローアングルで記念写真、なかなか男前である。 乗客の数人はなかなかその場を去ろうとせず、名残り惜しそうである。私も含めて。

帰りは私の自転車1台のみ

リンテルン北駅に到着

お疲れ様です。

リンテルン(Rinteln)の旧市街にあるマルクト広場は NordWestBahn(Weser-Bahn線)リンテルン駅から南へ、ヴェーザー川を渡り、歩行者天国である商店街が並ぶヴェーザー通り(Weserstr.)にある。

休日の一日は賑やかで、自転車をオープンテラス席の横に置き、思い思いの休憩スタイルで休日を楽しんでいる。その中でお父さんが自転車で子供を牽引するスタイルにはぶったまげた。連結アームで子供の自転車フレームを繋ぎ、トレーラやボックスカートを引っ張るようにしているのは良いが、子供の前輪が浮いているのだ。サングラスの女性、ソフトクリームの子供と、開放的でくつろぎのひと時がここにある。

旧市街のマルクト広場　休日の過ごし方

マルクト広場の朝市

初めて見た自転車

自転車族もカフェタイム　マルクト広場の休日

183

(10) Landeseisenbahn Lippe e.V.(リッペ州立鉄道 e.V)
Freundeskreis der Extertalbahn

www.landeseisenbahn-lippe.de

　ヴェーザー川自転車道を走った時のこと、ハーメルンの案内所 i でふと初めて見かけた保存鉄道のパンフレット(Landeseisenbahn)、私の旅スタイルはこのことがきっかけで、自転車＆鉄道の追いかけに嵌っていくことになる。　私の人生を大きく変えたと言っても過言ではない程、虜にしてくれた。　1284 年に起こったとされる、街の子供たちの失踪事件がもとになった、笛吹き男の物語で知られる街ハーメルン(Hameln)、町の観光も良いが、予定を急きょ変更し、今日は保存鉄道の旅である。DB 鉄道で約 20 分、バート・ピルモント(Bad Pyrmont)駅に着く。

　人口 2 万人程の小さな町、1557 年この地の温泉に治療効果があることが分かり、欧州各国から湯治客が訪れたとのこと。　ヒリゲ・ボルン(Hyllige Born)の泉、飲泉ホール、フリードリッヒの泉があり、温泉施設のフーフェラント・テルメ(Hufelandtherme)は湯煙が舞い上がり、心身とも癒してくれる。　目的は癒しの温泉保養施設でなく、蒸機の乗り鉄なので街の観光はパスしよう。バート・ピルモントに前泊をして、自転車で保存鉄道路線の中間にあるバルントルプ(Barntrup)駅に向かった。

　通常の鉄道運行が廃止された二つの路線があり、ベーガタール鉄道(Begatalbahn)は旧路線の内、デーレントルプ(Dörentrup)からバルントルプ(Barntrup)迄の生き残り区間 9.6 kmと、エクスターター

ル鉄道(Extertalbahn)は旧路線の内、バルントルプ(Barntrup)からベージングフェルト(Bösingfelt)迄の生き残り区間（電化）11.1 kmを保存鉄道として、蒸気機関車やディーゼル機関車が牽引するノスタルジックな列車を運行している。　運行日は 4 月〜12 月の 1〜3 回/月、4 往復/日の特別運転日。

　保存鉄道へのアプローチは路線バスで二通り、一つは私が訪れたバート・ピルモント駅から路線バス(№.700 系統)でバルントルプ(Barntrup)へ。　もう一つはユーロ鉄道(Eurobahn)のレムゴー(Lemgo)駅から路線バス(№.900 系統)で終着折り返し駅のデーレントルプ(Dörentrup)の一つ前、ファルムベック(Farmbeck)駅近くのバス停、フンフェルト・ベガタール(Humfeld Begatal)にバスが停車する。

　私は自転車持参なので問題がないが、保存鉄道の運行日は日曜日であり、この二つの路線バスは日曜日の本数が少なく、当

Bösingfeld - Barntrup - Farmbeck - Dörentrup

Zug-Nr.	P 101	P 103
Traktionsart	🚂 / 🚃	🚂 / 🚃
Extertal-Bösingfeld	10.00	13.00
Alverdiss...		
Alverdiss...		
Barntrup		
Bega		
Farmbec...		
Dörentru...		

Dörentrup - Farmbeck - Barntrup - Bösingfeld

Zug-Nr.	P 102	P 104
Traktionsart	🚂 / 🚃	🚂 / 🚃
Dörentrup	11:25	14:25
Farmbeck	11:32	14:32
Bega	11:39	14:39
Barntrup	11:52	14:52
Alverdissen (Ankunft)	12:07	15:07
Alverdissen (Abfahrt)	12:15	15:15
Extertal-Bösingfeld	12:32	15:32

🚂 = Zug mit E-Lok 22　　🚃 = Zug mit Diesellok

Fahrplan 2017 für Regelfahrten

16./17. April	Osterfahrten	Bösingfeld - Alverdissen	S. 9
07. Mai	Regelfahrten	Bösingfeld - Dörentrup	S. 7
04. Juni	Regelfahrtag	Bösingfeld - Dörentrup	S. 4
18. Juni	Bahnhofsfest	Bahnmeisterei Farmbeck	S. 13
02. Juli	Regelfahrtag	Bösingfeld - Dörentrup	S. 4
06. August	Regelfahrtag	Bösingfeld - Dörentrup	S. 4
03. September	Regelfahrtag	Bösingfeld - Dörentrup	S. 4
01. Oktober	Regelfahrtag (Teddybärfahrt)	Bösingfeld - Dörentrup	S. 4
01. November	Grünkohl-Express	Bösingfeld - Dörentrup	S. 9
02./03. & 09./10. Dezember	Nikolausfahrten	Bösingfeld - Alverdissen	S. 9

■ Sonderfahrten / Aktionstage　■ Regelfahrtage (Fahrplan siehe S. 4)

蒸機型式：「Emil Mayrisch N.3」 92 6505 号機
ベージングフェルト(Bösingfeld)駅

日保存鉄道への接続バスほとんどないという致命的な問題点がある。 それに加えて、路線沿いの町に前泊するにしてもホテルが少なく、あるのは田舎のファルムベックのみのようだ。

　そこで考えたシミュレーション(2011)は、前日の土曜日にバート・ピルモント駅から路線バス(No. 700系統)に乗車し約30分、バルントルプ(Barntrup)へ着く。 接続されているレムゴー(Lemgo)行きの路線バス(同じNo.700系統)に乗り換え約15分、フンフェルト・ベーガタール(Humfeld Begatal)バス停で降車、目の前にある宿「ラントハウス・ベーガタール(Landhaus Begatal)」に宿泊しよう。 保存鉄道の公式パンフレットに広告を出しているホテルで直接予約もできるが、日本からホテルの予約サイト www.booking.com でもできるので安心だ。

　翌日の日曜日には保存鉄道の駅ファルムベック(Farmbeck)が直ぐ近くなので、10:53 発のデーレントルプ(Dörentrup)行きに乗れる。 これに乗ればしめたもので、次の終着駅デーレントルプで折り返し、11:15 発ベージングフェルト(Bösingfelt)行きディーゼルに乗車。 ベージングフェルトからはSLで一往復、帰りは16:00 発のSLに乗り、バルントルプ(Barntrup)で下車すれば、17:30 発のバート・ピルモント(Bad Pyrmont)駅行きの路線バス(No.700 系統)に乗車でき、バート・ピルモント 17:52 着、DB鉄道駅に戻れる。

　ここの保存鉄道は毎年工夫をこらして、蒸機やディーゼル機関車、電気機関車等の牽引する列車を走らせている。 私が訪れた 2009 年度は、蒸機(1940 年製造、型式 92 6505)とディーゼル(1954 年製造、型式 V2.004)が運行。

　2017 年度には赤い箱型の旧電気機関車(1927 年製造、型式 E22)が登場し、後ろ押しの補機はディーゼル機関車(V2.004)が受け持つ。 電気機関車好きの鉄には堪らない企画である。 私は復活祭の運行日に訪れ、ベージングフェルト駅とその周辺で初の保存電気機関車の撮り鉄ができた。

バート・ピルモントの
案内所 i で入手

Fahrplan 2011				
gilt am 29. 5., 26. 6., 28. 8., 25. 9. und 30. 10. 2011
Bösingfeld – Dörentrup			蒸機+ディーゼル	
Traktion:	V	D	D+V	V
	E 101	E 103	E 105	P 105
Bösingfeld	10.00	12.45	16.00	
Alverdissen	10.19	13.03	16.20	
Barntrup	10.33	13.16*		16.34
Barntrup	10.35	13.35	–>	16.40
Bega	10.47	13.47		16.52
Farmbeck	10.53	13.53		16.59
Dörentrup	10.58	13.58		17.04
Dörentrup – Bösingfeld
Traktion:	V	D	D	V
	E 102	E 104	E 106	P 108
Dörentrup	11.15	14.15		17.15
Farmbeck	11.22	14.22		17.22
Bega	11.29	14.29		17.29
Barntrup	11.39	14.39*		17.39
Barntrup	11.42	15.00	16.50	17.42
Alverdissen	12.00	15.17	17.06	18.00
Bösingfeld	12.15	15.33	17.21	18.15
* Wasserhalt – V = Diesellok – D = Dampflok
E = Eilzug, mit Speisewagen und Fahrradtransport
P = Personenzug, mit Fahrradtransport

185

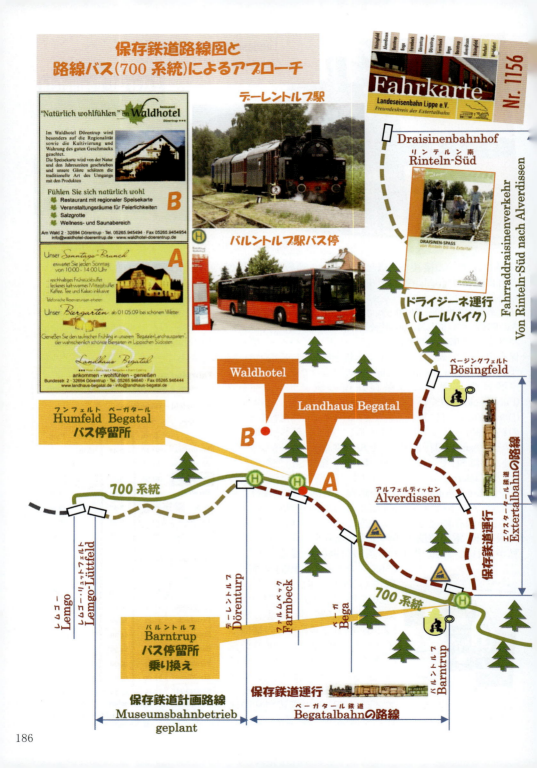

インターネットのサイト情報

(1) ドイツ鉄道 www.bahn.de
(2) 路線バス700系統時刻表
http://www.owlverkehr.de/owlv/dl/linienplaene/lippe/700.pdf#search='Bad+Pyrmont+Barntrup+bus700'
(3) バート・ピルモントからのバス(700系統)
http://fahrplan-bus-bahn.de/niedersachsen/bad-pyrmont/bus_linie_bus_700
(4) バルントルプからのバス(700系統)
http://fahrplan-bus-bahn.de/nrw/barntrup/bus_linie_bus_700

スケジュール案

前日泊(土曜日)

DBドイツ鉄道に乗車
ハーメルン
バート・ピルモント

路線バス(700系統)
バート・ピルモント	14:03
バルントルプ	14:29

乗り換え、路線バス(700系統)
バルントルプ	14:30
ファルムベック	14:43

保存鉄道の運行当日(日曜日)

保存鉄道
ファルムベック	10:59
デーレントルプ	11:04
デーレントルプ	11:25
ベージングフェルト	12:32
ベージングフェルト	13:00
デーレントルプ	14:04
デーレントルプ	14:25
バルントルプ	14:52

路線バス(700系統)
バルントルプ	17:30
バート・ピルモント	17:52

バルントルプ(Barntrup)駅
保存鉄道路線のちょうど中間の駅
バルントルプ駅へのアプローチ

バート・ピルモント(Bad Pyrmont)から自転車でアプローチをかけ余裕をもって駅に出向くと、鉄ちゃんらしき二人の先客がいた。今日、本当に運行があるのか聞くと、あるよ！心配するなって！とのこと。3人で掲示板を見ながら鉄道談義し盛り上がったが、ドイツ語はほとんど解らないけれど親しくなった。
デーレントルプ(Dörentrup)11:15発、バルントルプ 11:36 着のディーゼル機関車が牽引する列車が到着。 11:41 発のベージングフェルト(Bösingfeld)行きとなる。 さあ、乗ろう。 自転車用専用貨車は連結されていないのは掲示の時刻表で確認済なので、客車に折り畳んで積み込んだ。

バルントルプ駅に到着

マルクト広場バス停

市庁舎(Rathaus)

路地に入ると

子供服の店

バルントルプバス停

バルントルプ(Barntrup)駅前には鉄道に代わり、交通の主役となったバスターミナルがあり、バート・ピルモント(Bad Pyrmont)からの路線バス(700 系統)は約 30 分で着く。 町中のマルクト広場(Marktplatz) バス停にも停車する。保存鉄道の特別運行がある土曜と日曜日には本数が少ないので注意が必要である。

ベージングフェルト(Bösingfeld)行
ディーゼル牽引列車で乗り鉄

なんとロッド式のディーゼル機関車

　私の乗った車両は空いていたが、食堂車と予約車両はグループや団体客で混雑していた。バルントルプ駅を発車すると車掌さんが来たのでチケットを購入、暇そうでいろいろと話しかけてくるがドイツ語、理解できたのは「写真を撮ってあげよう」のぐらいである。

　子供のスタッフが鉄道の絵葉書を売りに来たのでさっそく購入、写真を撮らせてと頼んだらポーズをとってくれた。 将来の夢は鉄道員だろうなあ。 車内でもヘルメットを被ったままのサイクリストスタイル、この方が皆安心して話しかけてくれるし、信用度合が抜群に良い。

　パンフレットと睨めっこしながら、一人タイムテーブルの作戦会議である。 終着駅ベージングフェルト(Bösingfeld)で約 30 分の休憩タイムの後に、折り返しとなり、今度は蒸気機関車が牽引する列車となることが分かったというか、解読できた。 しめたぞ、これで決まりである。

　蒸機と違いディーゼルは静かに緑いっぱいの牧草地、黄金色の麦畑をゴトゴトと走り、約 20 分でベージングフェルト駅に到着。 結構な人が降りたが、団体さんが多いのである。

ベージングフェルト駅

ベージングフェルト(Bösingfeld)駅に到着

ベージングフェルト駅に間もなく到着
折り返しのこの列車をを待つ客が多い

ベージングフェルト(Bösingfeld)駅
12:40発 デーレントルプ(Dörentrup)行き

折り返し駅となるベージングフェルトでは新たに先頭に蒸機(型式：92 6506号機)が連結され、ディーゼルは最後尾の補機となるようだ。多くの乗客が乗り込むが、食堂車は瞬く間に満席となる。食事モードにとなり、出発を待つばかりの様子である。出発までの少しの間、蒸機は子供達の機関室への体験乗車、見学会となり機関士も腕の見せ所なのだ。お母さんも子供のためなら必至である。私も乗りたいのだが我慢。

出発準備完了、機関士の顔つきも穏やかになるひと時でもある。

ベージングフェルト駅

皆の笑顔を乗せ、沿線からも皆の笑顔
皆仲良しになれる保存鉄道の旅って素晴らしい！

　ベージングフェルト(Bösingfelt)12:40発は、先頭の蒸機と最後尾がディーゼルとなるコラボスタイルである。後部の車両に陣取り、コーヒを飲みながら車窓から身を乗り出し、前方と後方、沿線の風景と撮影に忙しい。後ろ押しのディーゼルの機関士と窓からのぞく鉄ちゃんの真剣な眼つきに圧倒される。

　列車は麦畑や牧草地を走り、車窓からと沿線からは互いに手を振り、皆を笑顔にしてくれる保存鉄道って素晴らしい。ふと気が付くと、皆仲良しになれるこんな旅の虜になってしまった。

　朝、最初に乗車したバルントルプ駅では給水作業で約20分停車となる。スタッフの子供さんがその担当、道路の歩道にある消火栓にホースを接続する。その間は乗客、スタッフの休憩タイムとなる。

後ろ押しディーゼルの機関士と鉄ちゃんは仲良し

前方踏切には旧ワーゲンの鉄ちゃん

周りに何もなく、古い煉瓦造りの工場が不気味なDörentrup駅(デーレントルプ)

　この秋、麦畑が黄金色となり美しい。古い煉瓦造りの工場と煙突の２本が目立ち、ドイツの昔にタイムスリップするような不気味さで迎えてくれる終着駅のデーレントルプ(Dörentrup)に 13:51 到着。 約 20 分停車し折り返し戻ることになる。機廻しをしないで、そのままで、ということは、今度はディーゼルが出番となり先頭で蒸機は後ろ押しを担当するのだ。 まさに終着駅が始発駅スタイルである。

　実は、乗車する人は家族連れや夫婦のサイクリストを含め 10 人程、下車したのは私を含め 2 人だけなのである。 一人は古い工場の方へとことこ歩き、ホームに残ったのは私だけで寂しい。 14:10 発の列車を一人で見送るが、引き込み線のある廃虚の様な工場と誰もいないホームで独りぼっちである。 次の列車まで 1 時間 20 分もある。さて、落ち着いて周りを眺めると道路の傍に軽食店(Imbiss)ありますよという看板が。 カプチーノとアイスクリームで休憩タイムである。

　次発は蒸機、後ろ押しディーゼルは連結していないので、機廻しをして後ろ向きスタイルとなり15:30 発車、麦畑を走り、バルントルプ駅に到着、私は下車。 ベージングフェルトからのディーゼル列車も到着し、すれ違いの瞬間が撮影できた。 また訪れようと狙っている。

デーレントルプ駅

バルントルプ駅で擦れ違い

ベージングフェルトからの列車が到着

車窓からは麦畑と田園風景

14:10 発 先頭はディーゼル

15:30 発は機廻しをして先頭へ

14:10 発 最後尾 は蒸機

14:10 発をホームで見送り

デーレントルプ駅 13:51 着

軽食店(Imbiss)

赤い箱型の旧電気機関車が牽引
2017 復活祭日曜日の「ウサギ急行列車」

Bösingfeld 駅

1927 製造　型式 E-22

赤い箱型の旧電気機関車が見たくて復活祭の運行日に訪れた。この日の特別運行は家族と子供たちの待ちに待った春到来のイベント、復活祭の日曜日の特別運行なので見かけた鉄ちゃんは数人である。事前予約が必要なので乗り鉄はパス、駅とその周辺の牧草地での撮り鉄となる。

出発時刻になると、家族連れは自家用車、団体ツアー客はなんとトラクターの牽引する馬車タイプの乗り物に分乗し駆け付けたのである。車庫で撮影していると機関士が運転席に乗れと誘ってくれた。今日の主役はワンちゃん、機関士と仲良く運転するそうだ。運行はベージングフェルトからアルフェルディッセンまでの短い区間となるが、2往復運行される。アプローチはリンテルン(Rinteln)から自転車で約1時間、帰りは路線バス(800)系統でレムゴー駅へ約40分、オイロ鉄道(Eurobahn)に乗車した。

800系統はミニバス

食堂車

撮影ポイント ベージングフェルト駅近くの牧草地

11、ハルツ狭軌鉄道　全線乗車と撮り鉄 編
HSB：Harzer Schmalspurbahnen

　魔女伝説の山「ブロッケン山」、SLはハルツ山地の深い森を抜け、山頂へとループを描き、急勾配を喘ぎながら、黒い煙と白い蒸気をミキシングしたSLサウンドを奏でてくれる。　そんなメーターゲージ(軌道幅：1000mm)の頼もしい99型SLが走るハルツ狭軌鉄道(HSB)は3路線、なんと総延長140.4kmの路線網を有している。　運営は沿線の自治体が出資する民間の鉄道会社(略称HSB)、年間を通じて定期運行(夏と冬ダイヤ)をしているのだ。　　www.hsb-wr.de　(ハルツ狭軌鉄道ホームページ)

(1) ハルツクヴェーア線(Harzquerbahn)：南北縦断線
　　ヴェルニゲローデ(Wernigerode)～ノルトハウゼン北(Nordhausen Nord)　　61 km
(2) ゼルケタール線(Selketalbahn)：世界遺産の街クヴェードリンブルクへの東西線
　　アイスフェルダー・タールミューレ(Eisfelder Talmühle)～
　　　　　　　　　　　　　　　　　　　クヴェードリンブルク(Quedlinburg)　　60 km
(3) ブロッケン線(Brockenbahn)：ブロッケン山へ
　　ドライ・アンネン・ホーネ(Drei Annen Hohne)～ブロッケン(Brocken)　　19 km

　自然保護されたハルツ国立公園内には、伝説の森、神秘的な高原湿原やそこを流れる小川の自然がそのまま残されている。　その魅力に惹かれ2009～2016年の間に4度訪れ、今なお現役で走る蒸気、ブロッケン山のハイキング登山、ヴェルニゲローデのクリスマス市にと誘ってくれた。
　なんと、このハルツにもう一つの蒸機が保存鉄道として季節運行され、急勾配区間を走り、スイッチバックも体験できるリューベラント鉄道があったのだ。　この新しい情報も紹介したい。

シールケ駅の休日　　　　　　　　　　ぬいぐるみと一緒

　ハルツ狭軌鉄道の歴史を振り返り、100 年以上も今なお現役で人々を引き付ける SL 路線の魅力を紐解いてみたい。

　ドイツ中部のハルツ山地、ブロッケン現象や魔女伝説でよく知られ、この地方の最高峰である標高 1142m のブロッケン山(Brocken)がある。 ドイツ北部にはまとまった山地がなく、大西洋から吹いてくる西風がこの山にぶつかり上昇気流が生じ、冷やされ水蒸気が霧や雲となる。 だから年間を通じてほとんど霧に包まれているようだ。 山頂で背後から差し込む日光で、霧の中に伸びた影と周りにできる虹色の輪(ブロッケンの虹)ができる大気光学現象のことを「ブロッケン現象」と呼ぶ。 この自然現象の演出こそが、毎年5月1日に開催される春の祭、その前夜4月30日の夜に魔女たちがブロッケン山で集い、「ヴァルプルギスの夜」という春の到来を待つお祭りのきっかけとなる、魔女伝説を生み出した。

　ドイツ北部の 2 連邦州、ニーダーザクセンとザクセン・アンハルトにまたがるハルツ国立公園、1990 年以来この国立公園はブロッケン山をはじめとする、ハルツ山地中央部の自然保護をしてきたようだ。 時代は遡り、この山地で 1800 年代の後半に二つの鉄道会社が誕生している。 一つは、1887 年にゲルンローデ・ハルツゲローデ鉄道会社(GHE:Gernrode-Harzgeroder Eisenbahn-Gesellschaft)、GHE はゲルンローデ(Gernrode)から順次延伸し、アイスフェルダー・タールミューレ(Eisfelder Talmühle)までの東西横断線として、小さな川ゼルケ(Selke)の谷間に沿って路線を完成した。 時を同じくしてもう一つは、1898 年にノルトハウゼン・ヴェルニゲローデ鉄道会社(NEW:Nordhausen-Wernigeroder Eisenbahn-Gesellschaft)がヴェルニゲローデからブロッケンまで、1899 年にはノルトハウゼンまでの南北縦断線を完成した。

　第二次世界大戦後、ドイツは東西に分断され、この地域は東ドイツの管轄となる。 1949 年にはこの GHE と NEW は東ドイツのドイツ国営鉄道(DR:Deutsche Reichsbahn)の直営となる。 その後、1990 年にベルリンの壁が崩壊しドイツは再統一を果たす。 1993 年にはハルツ狭軌鉄道 (HSB:Harzer Schmalspurbahnen GmbH)がドイツ国営鉄道からすべての資産、路線、従業員を引き継ぎ、民間会社として生まれ変わり運営を開始した。 事業はノルトハウゼン郡、沿線の市町村の自治体が出資、パンフレットにビール会社のロゴマーク「ハッセレーダー(Hasseröder)」を載せているので、ハッセレーダー・ブラウエライ会社(Hasseröder Brauerei GmbH)も出資しているようだ。　　　　　　　　　　　　（ハルツ狭軌鉄道の歴史:Wikipedia より引用）

ハルツ狭軌鉄道
ブロッケン線(Brockenbahn)

　夏季ダイヤではヴェルニゲローデからブロッケンへの直通列車は6往復/1日、全て蒸気機関車での運行となる。　ヴェルニゲローデ駅はDBの駅のお隣、駅舎内のチケットカウンターでシールケ(Schierke)までの切符を購入。

　というのは、前回訪れた時にはブロッケン山までSLに乗車、こんもり茂った森の急勾配を、ドラフト音とブラスト音を響かせながら進み、山頂が近くなると急に視野が開け、車窓の眼下には走ってきた森が樹海の海となる。

　路線がループを描くこの付近にはモミの木の低木が植林され、冬のクリスマスの季節には雪景色も良いだろうなあ。　路線沿いにはハイキング道が整備され、ハイカーたちが立ち止まり手を振る、乗客も答えて手を振る、お互いの笑顔が素晴らしい光景に出会える。　この時の印象が心に残り、次回にはと温めていたプランはシールケ駅からのハイキング、今度は乗客に向かって手を振ろうという魂胆なのだ。

　ヴェルニゲローデ駅を出発すると直ぐに車庫、その車庫とブロッケン山を一望できる絶好の撮影ポイントでもある、DB路線とハルツ路線を跨ぐ自転車と歩行者専用の跨線橋にさしかかる。

　発車して僅か4分、距離にしてたった1km、かつて旧市街を囲んでいた城壁にあった西門が残る駅、ヴェルニゲローデ・ヴェステルントーア駅(Wernigerode Westerntor)に到着する。旧市街に近いので乗り降りする乗客が多く、鉄道の整備工場が隣接されている。　駅の傍、車が通る交差点も西門を背景にした人気の撮影ポイントで、蒸機の通過時には、警報と信号を赤にし、悠々とドラフト音を利かしながら交差点内のカーブを抜けていく様は頼もしい。

駅周辺の歩き方
駅舎内売店～展望台～路線横断～跨線橋

　駅舎内のチケット売り場では、ここでしか買えないグッズや地図が買える。 怖い魔女が住んでいて誘惑されそうになるので注意のこと。

　駅のホームには主に観光客用の客車と、そのお隣には住民の足となるワンマン気動車も入線している。 ホームを歩き展望台に移動、SLが入線、鉄ちゃんはカメラを構える。

　ホーム先端に移動し機関区に駐機しているSL撮影なのだが、路線に立ち入っての撮影、ここドイツでは自己責任でOKのようだ。 緊急用の遮断機を潜りBahnhofstraßeに出る（今は柵付のため不可）。交差点には旧東独時代のアンペルマン信号機が活躍している。

　道路の左側の歩道を歩くと鉄ちゃんに人気のホテル「アルトラ」（Hotel Altora）、ホテルの窓から機関庫が一望なので連泊しよう。 進むとカフェ（Busche's Imbiß Cafe）、その先に自転車と歩行者専用の跨線橋があり、ここはドイツ鉄ちゃんの人気の撮影ポイントである。

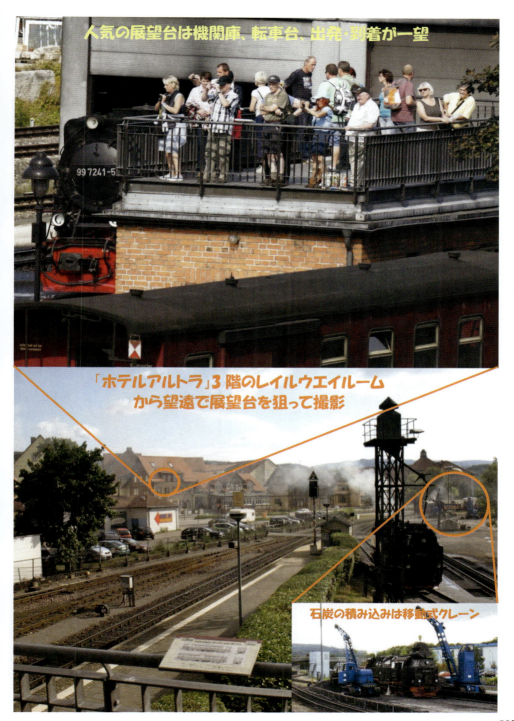

どっぷり浸ろう、鉄道趣味の世界へ

ヴェルニゲローデ駅のホーム中間部にある展望台に向かう。 ホーム先端の右側、DB 路線との間の機関区には車庫と転車台ターンテーブルがある。 なんと、その機関庫と駅構内の全景を見下ろすことができる展望台に直接ホームから上れるのだ。 そこには鉄ちゃんの世界が広がる。 常時、数基の蒸機が駐機、機廻しや到着と出発の様子が手に取るようによく解る。

機関庫に足を踏み入れ、狭軌蒸機で代表的な99 型(7232-4 と 7240-7 号機)、この機関車は 1954 年から 56 年にかけて東ドイツのドイツ国営鉄道が調達したメーターゲージの蒸気機関車である。計 17 両が製造されたが、現在稼働しているのはそのうちの 10 両で、主役の蒸機として 60 年以上も現役で働いていることになる。

他に保存蒸機として、マレー式(複式・関節式)機関車 3 両と数種のさらに古い形式も保存されている。 1897 年から 1901 年にかけてマレー式の 12 両が製造され、その後、7 両が戦争で軍に徴用され帰還できず、転籍や廃車等により残った 3 両が稼働し、特別な運転日に運行されるようだ。 当日は間近でマレー式の 5901 号機を撮影できた。

今回はホテルの窓から機関庫が見えるホテル「アルトラ」(Hotel Altra)のレイルウエイルームを連泊で予約しているのだ。 機関庫の夕焼けと朝焼けを狙って見ようという魂胆である。

マレー式蒸機 2 台、99 型は暖気運転中

C 99 5901 マレー式蒸機

A 99 7232-4　　B 99 7240-7

208

転車台 / 展望台から撮影 / 到着する蒸機の後ろには宿泊するホテル「アルトラ」 / 展望台

機関庫一望のHotel Altora (ホテル アルトラ)
眠りにつく機関庫

www.hotel-altora.de
ホテル アルトラ
Hotel Altora

　鉄ちゃんにお勧めなのが「ホテルアルトラ」3階のレイルウエイルーム、旅の3度目にやっと泊まることができた（ホテル予約のサイトbooking.comで予約）。　機関庫が一望できるのでヴェルニゲローデ駅の出発・到着や機関庫でのSL入れ替えや石炭積み込み作業が部屋から居ながらにして丸一日楽しめるのである。
　車両基地のあるヴェルニゲローデ西門駅からディーゼル機関車が客車を後押しで入線し

ホテルの3階、レイルウエイルームからは機関庫が一望、鉄ちゃんには堪らない

地ビール「ハッセレーダーピルツ」
ホテルアルトラの夜は更ける。
オープンデッキは夜遅くまで賑やか
SLが走る、ビールを届ける、1階のレストラン

てきたが、最先頭の客車デッキからは作業員が無線で機関車を操作している。
　以前、道路を挟んで先にある作業用遮断機を潜り機関庫に直接入れたのだが、入れなくなり駅まで少し歩いて夜にでかけてみた。　静かな暗闇の中で深い眠りにつく蒸機、夜を徹して火を絶やさずボイラーを温めているのだ。　誰も居ない機関庫は静まり返っているが、何故か温かみを感じ、油と石炭の香りが心地良い空間が広がっていた。

真夜中の機関庫

211

ヴェルニゲローデ 機関庫の朝焼け

　静かな暗闇の中で深い眠りから覚めようとしている機関庫、一日が始まろうとしている朝焼けのひと時である。　スタッフは各機関車に乗り込み、石炭を投入し、煙筒からは黒い煙が朝焼けの空に舞い上がる。

自転車と歩行者専用の跨線橋
カフェ（Busche's Imbiß Cafe）タイム

駅のホーム先端から左右確認して線路を横断すると Bahnhofstraße に出る。右へ、左側の歩道を数分歩くと鉄ちゃんに人気のホテル「アルトラ」、進むとカフェ（Busche's Imbiß Cafe）、その先が時刻表を片手に心が躍る、撮り鉄にとっては堪らない自転車と歩行者専用の跨線橋がある。

通過する列車の合間にはこのカフェでカプチーノタイムと洒落込もう。オープンテラス席もあるので休憩にはもってこい、狙い目である。アイスの販売窓口もあるので週末の土曜と日曜、祝日には混雑する。

ヴェルニゲローデ駅を出発したブロッケン行きの蒸機が前向き、ブロッケンからの戻りは後ろ向きスタイルでやって来たぞ。連写タイム開始である。跨線橋は住民の日常の生活に使われているようで、傍をドイツ版ママチャリが早いスピードで、次から次へと走り抜ける。気をつけよう！

跨線橋からの遠景　ブロッケン山

跨線橋からの遠景　ヴェルニゲローデ城

Busche's Imbiß Cafe
自転車と歩行者専用の跨線橋
人気の撮影場所　自転車注意！
自転車と歩行者専用の跨線橋から

Wernigerode Westerntor 駅
ヴェルニゲローデ　西　門
道路を横断する踏切　撮影のひと時

　童話絵本の世界に迷い込むようなマルクト広場、とんがり屋根のある市庁舎から歩いて数分、西門を過ぎるとハルツ鉄道と道路が交差する踏切がある。
　ここがドイツ鉄ちゃんの人気撮影ポイントでもある。西門の塔を背景に入れ狙ってみた。蒸機の通過時には、警報が鳴り信号を赤にし、車を停止させ、悠々とドラフト音を利かしながら交差点内のカーブを抜けていく様は頼もしい。特に夕暮れ時、ブロッケン山を背景に夕焼け空が黄金色となる瞬間を撮影したい。この交差点の横がヴェルニゲローデ西門駅である。旧市街から近いこともあり乗り降りの観光客で賑やかである。SL到着出発の駅撮りもまた楽しい。近くにカフェ・レストランもあるので時刻表と睨めっこしながらカプチーノタイム、時間も忘れて一日過ごしてしまいそう。

ヴェルニゲローデ西門駅　　　SL到着入線　　　オープンデッキ車両も連結

ヴェルニゲローデ西門駅

ヴェルニゲローデ　西　門
Wernigerode Westerntor 駅
道路を横断する踏切　撮影のひと時

　童話絵本の世界に迷い込むようなマルクト広場、とんがり屋根のある市庁舎から歩いて数分、西門を過ぎるとハルツ鉄道と道路が交差する踏切がある。
　ここがドイツ鉄ちゃんの人気撮影ポイントでもある。西門の塔を背景に入れ狙ってみた。蒸機の通過時には、警報が鳴り信号を赤にし、車を停止させ、悠々とドラフト音を利かしながら交差点内のカーブを抜けていく様は頼もしい。特に夕暮れ時、ブロッケン山を背景に夕焼け空が黄金色となる瞬間を撮影したい。この交差点の横がヴェルニゲローデ西門駅である。旧市街から近いこともあり乗り降りの観光客で賑やかである。SL到着出発の駅撮りもまた楽しい。近くにカフェ・レストランもあるので時刻表と睨めっこしながらカプチーノタイム、時間も忘れて一日過ごしてしまいそう。

ヴェルニゲローデ西門駅　　SL 到着入線　　オープンデッキ車両も連結

ヴェルニゲローデ西門駅

ヴェルニゲローデ旧市街の散歩
古い木組みの残る街並みと、とんがり屋根の市庁舎

　街のメインストリートであるブライテ通り(Breite Str.)やニコライ広場(Nicolaiplatz)、市庁舎のあるマルクト広場(Marktplatz)周辺は歩行者天国となっている。木組みの家が並び童話の世界にまぎれ込んだようだ。カフェの前ではパラソルが開き、皆思い思いの異次元の時間が流れている。カプチーノタイムとしよう！

　とんがり屋根の市庁舎の横に案内所  があるが、玄関の扉は古い民芸調、閉まっているので中は見えないが勇気を出して重い扉を開いてみよう。笑顔の女性が出迎えてくれたが、魔女でなくて良かった。宿の予約をお願いすると、1558年から続く歴史ある木組みの宿 Hotel「Zur Post」を勧めてくれ、予約確認書をくれた。マルクト広場の傍にハルツ狭軌鉄道のグッズショップがあり、店内には鉄道模型が走っている。市庁舎の横裏手にはヴェルニゲローデ城に行くトロッコをつないだバス風の乗り物、黄色のシュロスバーン(Schloßbahn)とオレンジ色のビンメルバーン(Bimmelbahn)乗り場、近くに人気の馬車乗り場もある。

朝早くからマルクト広場では

現地産・新鮮食材の露店が並ぶ

2016 ヴェルニゲローデの12月
マルクト広場のクリスマス市とホットワイン

ハルツ地方、ヴェルニゲローデのクリスマス市は 11/25〜12/22 日まで、マルクト広場で開かれる。 温かいホットワイン(Glühwein)で寒いのもへっちゃらである。 宿はこの広場が一望できる「リングホテル ヴァイサー ヒルシュ (Ringhotel Weißer Hirsch)」を予約している。 部屋から市庁舎、クリスマスツリー、特大クリスマスピラミッドが一望である。 ハルツ狭軌鉄道で魔女を探しにブロッケン山に向かったが緊急停止。 本格的な雪景色はこれからだが、逆光のお気に入り写真が撮れた。

ルーム No.204

ホットワイン(グリューヴァイン:Glühwein)

ブライテ通り(Breite Straße) 前方がマルクト広場

ヴェルニゲローデの夕焼けに魅せられ
幾度と訪れることになる。

このアングルで夕焼けを狙う

交差点傍の Gasthaus Eselskrug
レストラン/ホテル

西門駅近くの交差点は黄金色の夕焼け、ブロッケン山からのSLが戻ってくる。 傍には、ちょっとリッチな雰囲気のレストラン・ホテルの「Gasthaus Eselskrug」)がある。 夫婦で泊まるのは良いかもである。 部屋からこの交差点が一望、見下ろすことができるようだ。 部屋数が少ないので事前予約が必要である。 夕日が沈もうとしているのに鉄ちゃんが待ち構えている。

西門駅近くの交差点は黄金色の夕焼け

ヴェルニゲローデの夜は更ける

ペンション＆レストラン「Zur Neuen Quelle」

フリードリッヒ通り(Friedrichstraße)

バス停留所 Quelle

ペンション＆レストラン「Zur Neuen Quelle」

　私のお勧めのペンション＆レストラン「Zur Neuen Quelle」は一人旅に最適な常宿にできる家族的な宿で、食事もできる。ハルツ狭軌鉄道の路線沿いにあるので撮り鉄には最適な場所にある。西門駅から近く路線沿いを歩いても良いが、路線バス(No.1,4 系統 Hasserrode 行きとNo.5 系統 Nachtring 行き)のバス停 Quelle もあるので便利で、街中からし越し離れているので静かな住宅地にある。

　前のフリードリッヒ通り(Friedrichstraße)からは遠景にブロッケン山が見え、特に夕焼け空は黄金に輝き、素晴らしいの一言である。又、路線沿いを散歩し、駅巡りしながら、ワクワクしながら SL が走るのを待ち受けよう。

ヴェルニゲローデ ホーホシューレ ハルツ
Wernigerode Hochschule Harz
（ハルツ大学）駅 SL接近通過

　ヴェルニゲローデ西門(Westerntor)駅の交差点で撮影後、ドライ・アンネン・ホーネ駅方面に路線沿いを歩くと、三つの小さな駅が続いている。　そこはとっておきの誰にも教えたくない付近住民が生活に使う小道なのである。

　ホーホシューレ・ハルツ駅であまりにも気持が良いので駅のベンチで一休みとしよう。SLが接近、汽笛を鳴らす、というのも路線と生活道路が共用している区間があるのだ。この併用軌道が駅ホームから狙える。　ジョギング中の男性、SLが接近しているのに踏切を横断するが警告の汽笛が鳴らない、機関士は困った顔をしているが、これも日常茶飯事なのかも知れない。不思議発見！

　ドイツ北部の保養地、バート・ドベラーンの街中を走るモリー鉄道のSLは鐘を鳴らしながらの走行だが、ここは田舎なので住民とはあうんの取り決めがあるのか、SLはスピードを落し徐行しないのだ。　ここでは住民の大人や子供たち、車や蒸機は、皆仲良く生活に溶け込んでいる。

224

シールケ駅からブロッケン山へ乗り鉄
Nationalpark Harz 車窓の風景/乗り鉄の旅

　シールケ駅を出発するとSLは森の樹海へ突入、薄暗い樹木の中は登り勾配の連続である。登山道（Neuer Goetheweg）が路線の左側に並行に現れるあたりで急に視界が開け、低いモミの木が植林されて緑が美しい。　その途中にゲーテヴェーク信号所（Goetheweg Betriebsbahnhof）を通過するのだが、ここで列車交換（スイッチバック）が行われ、登りの列車が優先なので、降りる列車は側線に入り待避する光景が見られる。　このポイントの傍にはベンチがあるぞ。

　登山道はハイカーが気持ち良さそうに歩いている。　互いに手を振り合い、互いに羨ましそうで、笑顔いっぱいである。　山頂のテレビ塔が見えてくる。途中、登山道との交差踏切がありここからがもうひと頑張り、SLは等高線に沿って反時計回り、台風のように左巻きのループを描きながら一周し、山頂駅を目指す。

ハルツ狭軌鉄道の雑誌・本と地図

前方向 B

後方向 C

ぐるりと廻ると山頂駅 D

A

ゲーテヴェーク信号所
(Goetheweg Betriebsbahnhof)

226

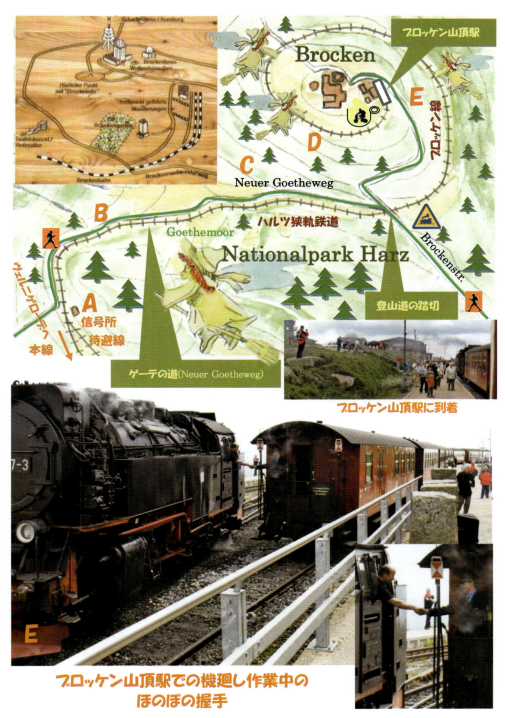

この日、ブロッケン山頂は賑やか
お勧めはビーンズスープの上に特大ウインナーが浮かんだブロッケン丼

　シールケ駅を出発する時には晴れていた空がやっぱり霞んできたなぁ。年間を通じて260日以上と、霧が多いブロッケン山ならではの天気なので納得する。ヴェルニゲローデからの蒸機が山頂をループしながらゆっくりと到着する。列車の乗り降りは都会の鉄道並みである。
　東西ドイツ統一前までは、旧東独の国家秘密警察のレーダー施設があり、一般人は訪れることができなかったが、今では自由に笑顔いっぱいに鉄道と登山が楽しめる。山頂にはブロッケン博物館、通信施設、テレビ塔、ホテル等があり、山頂の売店で販売しているウインナースープ丼は是非味わって欲しい。山頂駅のレストラン（セルフサービス）でもこのメニューがあり食事ができる。

駅に標準軌のタンク貨車を載せたロールオン車両がある　駅のチケット売り場兼売店で聞くと、SLの火の粉による路線沿いの山火事時に、消火水として使用されるようだ　もちろん、蒸機への給水にも必要な場合には使用されるとのこと

ブロッケン山頂駅

機関士であることを実感できる入線

山頂の売店
テレビ塔
ホテル
通信施設
博物館

山頂駅のレストラン＆屋外テラス席で食べた「ウインナービーンズスープ丼」の美味は忘れられない！

ドイツの山／ブロッケン山初挑戦
約7.5km、写真を撮りながらの約2時間

　シールケ駅からこんもり茂った森の樹海へと路線沿いの道（Bahnparallelweg）を歩く。 遠くから汽笛、蒸機が接近、慌てて斜面を駆け下り、木漏れ日の中で撮影、森の中で男が急に姿を現したので機関士がびっくりしている。 進むと、登山道が交差している小さな小屋のある地点にさしかかる。 傍の別ルートには踏切があり、時刻表を見るとタイミング良くブロッケン山行きの蒸機が来るぞ。 汽笛を鳴らしながらスピードを落とさずに踏切を通過し、勇ましく森の中へ突入してしまった。 走り去った後の煙の匂いと静けさはここでしか味わえない。

　この地点で、予定していた路線沿いのルートが 10:00〜13:00 通行止めであることが分かり、ドイツ人のハイカーも立ち往生である。 物資輸送用だろうか舗装された道にルート変更だ。

ブロッケン登山の再挑戦
シールケの町からアプローチ(ゲーテの道)

車窓から登山客と手を振り合い、笑顔いっぱいの路線沿いハイキング道である「ゲーテの道」に魅せられ、シールケのペンションバルバラ(Pension Barbara)に宿泊し、翌日ブロッケン山を目指した。 案内所 i でお勧めのルートを聞きその内の一つ、今回はブロッケン山を背景に路線沿いのハイキング道から SL を撮影するのが目的なので、少し距離が長くなるが、シールケの町からザントブリンク通り(Sandbrinkstraße)を進み、路線沿いの新ゲーテの道(Neuer Goethweg)のルートに決定した。 標識が整備されているので安心だそうだ。

下りSL

登りSL 接近

ノイアー ゲーテの道
Neuer Goetheweg に並行した路線

上りSL 通過

ブロッケン山(Brocken)行き蒸機
シールケ(Schierke)駅出発進行！皆の笑顔を載せて

　ブロッケン山への登山はハルツ狭軌鉄道のシールケ駅が最寄りの登り口、魔女の出迎えを受けて下車。登山客は路線沿いの道を歩き始めているが、こちらは SL 出発の写真を撮ろうと先頭部に走る。ホームから線路を渡りローアングルで構える。黒い煙と白い蒸気のミキシングは心に響き、機関士に手を振ると笑顔を返してくれた。客車は満員の鈴なりだが皆の笑顔でいっぱいである。列車はカーブして森の樹海の中へ消えて行った。

煙を吐くドラフト音、蒸気の吐き出すブラスト音が響き渡る瞬間

瞬間を撮ろうと心が躍り、手が震えたが、ふと我にかえると山間の静けさが心地よい。　シールケの村は駅から少し離れている。　自然保護のためブロッケン山へは許可車両のみなので、自家用車で来た登山客はこの村のパーキング（数か所の駐車場が整備）に車を置き、徒歩でハイキング登山をするのだそうだ。　駅撮りで置いてきぼりをくった私は慌てて皆の後を追いかける。

機関士は後方確認というよりは、笑顔を返してくれたのだ

手を振ると笑顔が

最後部のデッキは皆に人気

鈴なりの乗客を乗せて、ブロッケン山を目指し森の樹海へ

ブロッケン山への登り口
シールケ(Schierke)駅と町中散歩

シールケ駅ではウェルニゲローデに戻る列車とブロッケン山に向かう列車の列車交換が見られる。 2 列車の同時撮影ができる駅撮りの撮影ポイントでもある。 この駅からブロッケン山に登山するハイカーが多いので賑やかで、駅構内の売店前には赤いパラソルが開く。

シールケの町はハルツ狭軌鉄道のこの駅から約 1 kmと少し離れている。 魔女の駅、シールケ駅から常緑樹の緑で覆われた自然学習歩道(Naturlehrpfad)を歩くと、急に視野が開けると駐車場の傍に出る。 自然保護のため、ここからは車の乗り入れは制限されていて、登山客はここに駐車し、ブロッケン山を目指す。

町のメインストリートでもあるブロッケン通り(Brockenstraße)はホテル、カフェ、レストランが並び、登山の町らしい華やかでカラフルな建物が並ぶ。 カフェの屋根に魔女が掃除して疲れたのか昼寝している。 私も歩き疲れたので、魔女に誘惑され夕日が注ぐオープン席でディナータイムである。

案内所 🛈 もあるので登山の地図を入手し、ブロッケン登山に挑戦しよう。 スタッフの女性にお勧めのルートを聞くと丁寧に教えてくれた。

ドライ・アンネン・ホーネ駅
(Drei Annen Hohne)

ヴェルニゲローデを出発して約40分でドライ・アンネン・ホーネ駅（Drei Annen Hohne)に着く。 この駅は樹木に囲まれたハルツの森の中、ブロッケン山頂に行くブロッケン線(Brockenbahn)とノルトハウゼン(Nordhausen)方面に行くハルツ地方を南北に縦断するハルツクヴェーア線(Harzquerbahn)の分岐駅である。

蒸機はここからが登り区間となり、給水作業や各部の点検、給脂を行うので機関士は忙しい。 停車時間に余裕があるので先頭のSL迄走り、機関士の作業ぶりを狙ってみよう。

又、この駅では3方面からの列車がすれ違いをするので、ホームに仲良く並び、列車交換して相互に発車する様子が撮れる。 駅舎にはGaststätte「Zur Harzquerbahn」というレストランもあるので、列車の待ち時間タイムに休憩するのに都合が良い。 ホームの売店でもアイスやここでしか飲めない地ビールが販売され、傍にはベンチがあり、日差しが強い季節には赤いパラソルが開く。

ブロッケン山は自然保護のため、一般の車の乗り入れが禁止されているので、マイカー客はこの駅のパーキングに車を駐車し、SL列車に乗り換え、ブロッケン山を目指す。

ドライ・アンネン・ホーネ駅
近くの撮影ポイント

ドライ・アンネン・ホーネ駅前の道路を西へ約 500m 歩くとブロッケン山とノルトハウゼンへの路線が分かれる地点に遮断機のある踏切がある。その二つの路線の間が撮影ポイント、カーブしながら登り勾配を黒い煙と白い蒸気を吐き出しながら、ドラフト音とブラスト音を響かせながら力強い走行写真が撮影できる。駅から近いのでアプローチが容易なのが嬉しい。駅のレストラン「Zur Harzquerbahn」で時間調整しながらのトマトスープがお勧めである。

ハルツクヴェーア線(ハルツ地方南北縦断)、ヴェルニゲローデとアイスフェルダー・タールミューレ(Eisfelder Talmühle)間を走る珍しい形のディーゼル気動車があり、主に沿線住民の足として 3 往復/1 日と少ないが、ブルルンと走っているので、時刻表と睨めっこしながら駅撮をしたい。

遮断機のある踏切　撮影ポイント
左の路線：ブロッケン山行き
右の路線：ノルトハウゼン行き

ブロッケン山行き蒸機

ヴェルニゲローデに向け出発(後ろ姿)
ドライ・アンネン・ホーネ駅から望遠で撮影　踏切と駐車場が見える

243

ハルツ狭軌鉄道の大カーブ
Steinerne Renne〜Drei Annen Hohne
（シュタイネルネ　レンネ〜ドライ　アンネン　ホーネ）

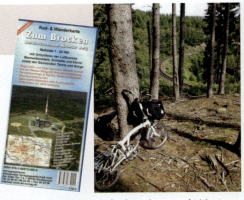

　ドイツ鉄道ファンの人気スポット、ハルツ狭軌鉄道の大カーブの魅力は万国共通で、日本から訪れる鉄ちゃんも多いようだ。実は、最初訪れた時には車窓からは確認していたので、路線沿いに行けば何とかなるだろうと甘い考えで行くと、右折ポイントをミスし、山の上に登り、山の斜面を転げながら降りたところが運よく大カーブポイントであった。ヴェルニゲローデの駅、街中の案内所、本屋さん等で地図を購入して欲しい。

　ところで話は変わり、関西線の加太（かぶと）駅の近くに良く知られた加太の大カーブがある。SLが活躍しているときにはこの大カーブが人気で、お立ち台があったのだが、今では1両編成のディーゼル気動車なので味気なくなってしまった。このポイントとそっくりなので吃驚である。

ブロッケン山行き蒸機（車窓から）

ヴェルニゲローデ行き蒸機（車窓から）

ハルツの大カーブ撮影ポイント

購入した鉄道本の表紙

路線沿いの道（Bahnparallelweg）

大カーブは列車の車窓からここだ！ と確認している。ドライ・アンネン・ホーネ駅から車の通る道を右へ、駐車場のある踏切を見ながら道なりに約 1.5 km（約 20 分）行くと、バス停留所がある。 ここを左に入り、ホテルの横を進み、林道の分岐を右に入る。 樹海の中なので薄暗いが、路線沿いに沿っているので大丈夫。 視野が開け人気の大カーブに着く（駅から約 4 km、1 時間）。

山の斜面を少し駆け上り、アングルを決める。この林道はドライ・アンネン・ホーネからシュタイネルネ・レンネに通じるハルツ鉄道路線沿いの道（Bahnparallelweg）である。 この日に出会ったのは若い夫婦連れのみで、ウオーキングする人は少ない。 出会ったら必ず会釈と挨拶をしよう。というのも、お互い安心できる。ドイツでは必ず挨拶をするのが習慣のようだ。

時刻表をチェック、そろそろブロッケン行き SL が来るぞ。 遠くから汽笛が聞こえる。 来た、S カーブから顔を出したぞ。 このワクワク感が堪らない快感である。 望遠で狙う。 次は広角で大カーブを連写する。 大満足の撮り鉄であった。過ぎ去ったあとの煙の香りと静けさに浸り、余韻を楽しむ。

ハルツクヴェーア線 (Harzquerbahn)
Drei Annen Hohne～Nordhausen Nord

ハルツ地方を南北に縦断するハルツクヴェーア線、起点はヴェルニゲローデだが、ブロッケン山からノルトハウゼンに向かうので、ドライ・アンネン・ホーネ駅で乗り換え、12:40 発アイスフェルダー・タールミューレ(Eisfelder Talmühle)行きのSLに乗車する。 案内板にはノルトハウゼン行きに連絡と表示がある。 最後尾にはオープンデッキ車両が連結されているが雨模様なのと肌寒いので人気はなく、雨カッパを着た鉄ちゃん 3 人のみ、私も含めて乗客は客車に逃げてしまった。

出発して間もなくブロッケン線と別れ、左に大きくカーブするが、人気の撮影ポイントである遮断機のある踏切付近では、やはり鉄ちゃんがカメラを構えている。 車窓の風景は、ハルツ山地の森の中、雑木林、牧草地と田舎の集落なのだが癒される。 車内販売があり、勧められてここでしか買えないウイスキーのミニボトルと、ハルツ鉄道の本を購入したが、本当か。 スタッフは笑っていたので半分冗談のようだ。 エーレント(Elend)、ゾルゲ(Sorge)、ベンネッケンシュタイン(Benneckenstein)と停車する。 ハルツ山地の南、中腹を縫うように走るが、標高は 500m 前後と変わらず、鉄道の計画時には負担の少ないルートを選んでいるなと感心する。

ベンネッケンシュタインからアイスフェルダー・タールミューレまでは川に沿った谷筋をひたすら走り、途中ゼルケタール線の路線が左から合流、森の山間にポッカリ開けたアイスフェルダー・タールミューレ駅に到着。 この駅はクヴェードリンブルク方面への接続駅のみの役割だが、黄色と緑の明るい外装と1階は石造り、2階と3階は木組みスタイル、駅舎にはレストランがあり、地元の人や観光客もここで食事を楽しむようで、賑わっていた。

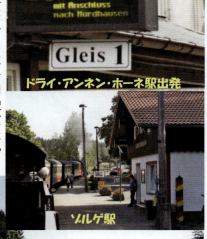

ドライ・アンネン・ホーネ駅出発

ゾルゲ駅

アイスフェルダー・タールミューレ駅までもう少し！

アイスフェルダー・タールミューレ(Eisfelder Talmühle)駅

アイスフェルダー・タールミューレ駅舎はレストラン Gaststätte＆Pension 「Eisfelder Talmühle」

この列車は駅で給水作業、機廻しをする。今度は後ろ向きスタイルで、折り返しのヴェルニゲローデ行きとなる

接続されるゼルケタール線のディーゼル気動車が待っている

レストラン玄関

ノルトハウゼン(Nordhausen) ハイブリッドトラム

時刻表では1列車/時間(3種の列車停車)

Ilfeld(イールフェルト)駅

Krimderode(クリムデローデ)駅

　ハルツ狭軌鉄道はノルトハウゼンの北駅が終着駅、その隣にDBドイツ鉄道のノルトハウゼン駅がある。 市内にはトラムが3路線あり、その内No.10系統のトラムがハルツ狭軌鉄道の路線に乗り入れしている。 ちょっと注目したいのは、ハルツ路線は電化されていないので乗り入れるトラムはディーゼルエンジンを搭載したハイブリッドトラムなのだ。 非電化区間ではディーゼルエンジンで発電機を回転させ、その発生した電力でモータを回し、走行する電気式気動車である。

　DB 駅前にあるトラム停留所、駅前広場(Bahnhofsplatz)ではトラムがパンタグラフを下げ、ディーゼルエンジンにより駆動する珍しい光景が見られる。 乗り入れの区間はイールフェルト(Ilfeld)迄の約11km、約30分弱の乗車時間である。 行きはシーメンス製ハイブリッドトラムのコンビーノ・デュオ(Combino Duo)、帰りはハルツ鉄道の気動車(HBS 187 型)に乗車してみよう。 低床式構造なので、ディーゼルエンジンは3車体連接車の中央部の車内、DUOと書かれた黄色い箱に配置されているが、無駄なスペースを取っている。 一部床を嵩上げしてでも、床下に置けなかったのだろうか。

列車交換待ち合わせ
クリムデローデ駅
(Nordhausen-Krimderode)

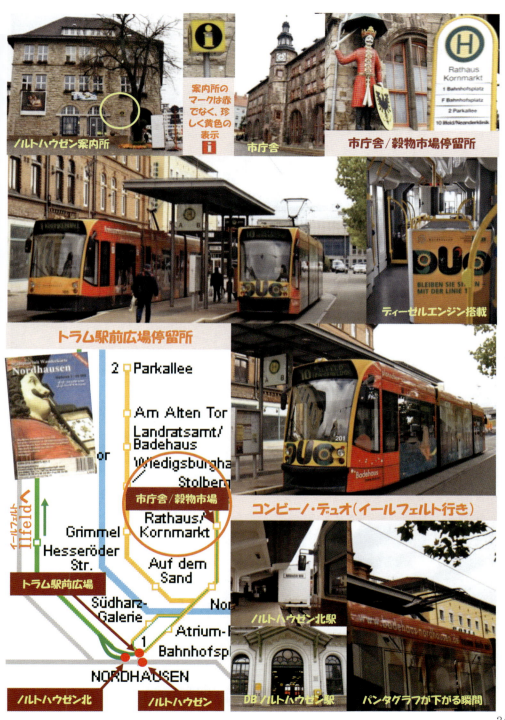

オープンデッキ車両は満員御礼
ヴェルニゲローデ〜アイスフェルダー・タールミューレ
Wernigerode〜Eisfelder Talmühle

ヴェルニゲローデからハルツクヴェーア線(Harzquerbahn)、南北縦断線でアイスフェルダー・タールミューレ(Eisfelder Talmühle)へ、ゼルケタール線(Selketalbahn)、東西横断線に乗り換えて、世界遺産の街クヴェードリンブルクへと丸一日かけて乗り鉄の旅、幸運にもブルースカイに恵まれた。 時刻表では最後尾にオープンデッキ車両を連結するのでは‥‥‥、車掌さんに聞くと、やはりオープンデッキ車両とのこと。 しめたぞ！ 天気が良いのでほぼ満席、特別料金 1€ を支払う。 乗客のほとんどがドライ・アンネン・ホーネ(Drei Annen Hohne)で乗り換えてブロッケン山に向かうようだ。

ヴェルニゲローデを 11:55 出発、道路を横断するクロスポイント、緑に囲まれたハルツの森へ蒸機が喘ぎながら勾配路線を走る。 ハルツ鉄道で唯一のトンネル、ドイツ鉄ちゃん人気の大カーブと続く。 煙と緑がミキシングされハルツの風は、心地良い癒し風を感じる。

ハルツ鉄道唯一のトンネル

人気の大カーブ通過

8903 🚂🚃
km		
0	Brocken (1,125 m)	11 36
19	Drei Annen Hohne (540 m)	12 36
0	Wernigerode (234 m)	11 55
15	Drei Annen Hohne (540 m)	12 32
		Werni-gerode
15	Drei Annen Hohne (540 m)	12 40
19	Elend (509 m)	12 52
28	Sorge (499 m)	13 11
31	Benneckenstein (530 m)	13 19
31	Benneckenstein (530 m)	13 20
40	X Sophienhof (445 m)	13 38
41	X Tiefenbachmühle (411 m)	13 43
44	Eisfelder Talmühle (352 m) ▼	13 49

SLはハルツの森の中に突入！

ドライ アンネン ホーネ
Drei Annen Hohne 駅
到着・出発

ドライ・アンネン・ホーネ駅に 12:32 到着。 隣のホームにはブロッケン山行きの列車が待っている。 ほとんどの客が乗り換えなので、森に囲まれた駅は急に賑やかとなる。 ヴェルニゲローデからのオープンデッキ車両は満席だったのに、夫婦一組と私の 3 名のみとなってしまった。 12:40 出発、駅を振り返るとブロッケン行きとヴェルニゲローデ行きの 2 列車が停車しているが、隣の列車に隠れていたのでわからなかったが、3 列車が同時停車していたのだ。

駅を出て間もなく列車はブロッケンとノルトハウゼン方面の分岐に差し掛かり、踏切の撮影ポイントには鉄ちゃん二人がカメラを構えている。 緑いっぱいの森の中を等高線に沿って、右へ左へとカーブしながら SL は走る。

ブロッケンとノルトハウゼン方面の分岐

ハルツの森の中を進み、小さな田舎町 Elend、Sorge、Benneckensteinと続く

ゼルケタール線 (Selketalbahn)
Eisfelder Talmühle～Quedlinburg
（アイスフェルダー タールミューレ～クヴェードリンブルク）

ハルツ狭軌鉄道の全線走破は、あと残すところゼルケタール線、世界遺産の街クヴェードリンブルクへの東西線のみとなった。アイスフェルダー・タールミューレ駅から可愛い一両編成のディーゼル気動車に乗り換え、シュティーゲ(Stiege)駅までは森の中を延々と走ることになる。 乗客は夫婦一組と私の3名のみなので寂しい。 田舎の運転士らしく安定した定速走行を心掛けている。

シュティーゲはハッセルフェルデ支線への分岐駅、この短い支線は盲腸線なので、今乗ってきた気動車が支線に入り、折り返し戻ってくるダイヤが組まれている。 乗り鉄だけでは面白くない、駅撮りをしようと下車する。 戻ってくるまで約30分あるのでランチタイムとしよう。 実は、この駅舎には魔女が住んでいて、このテーブ

Stiege （シュティーゲ）駅に戻ってきた気動車

シュティーゲを出発、途中のシュトラースベルク駅では蒸気機関車の牽引する列車と遭遇、単線なので列車交換なのだ。運転士、車掌は笑顔で挨拶＆雑談タイムとなる。

Strassberg （シュトラースベルク）駅での列車交換

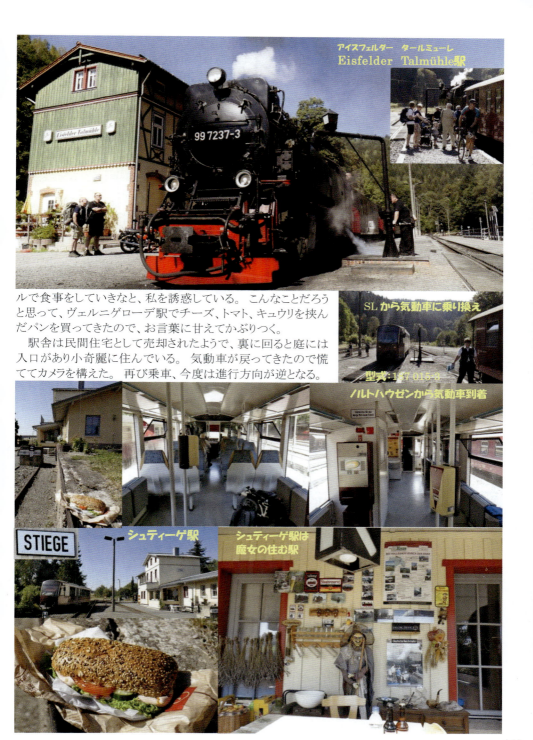

アイスフェルダー タールミューレ
Eisfelder Talmühle駅

SLから気動車に乗り換え
型式：187-015-3

ノルトハウゼンから気動車到着

ルで食事をしていきなと、私を誘惑している。こんなことだろうと思って、ヴェルニゲローデ駅でチーズ、トマト、キュウリを挟んだパンを買ってきたので、お言葉に甘えてかぶりつく。

　駅舎は民間住宅として売却されたようで、裏に回ると庭には入口があり小奇麗に住んでいる。気動車が戻ってきたので慌ててカメラを構えた。再び乗車、今度は進行方向が逆となる。

シュティーゲ駅
シュティーゲ駅は魔女の住む駅

255

Alexisbad 駅で蒸機に乗り換え
世界遺産の街 クヴェードリンブルクへ

アレクシスバート駅は緑に囲まれた木漏れ日の差す駅舎である。盲腸線でもあるハルツゲローデ支線への乗換駅、気動車が発車したが乗客はゼロ、アイスフェルダー・タールミューレからの直通もあるが、クヴェードリンブルク方面もここから乗り換えとなる。 時刻表のダイヤでは 16:02 発クヴェードリンブル行きは気動車となっていたが、何故か運よく蒸機が入線、折り返しクヴェードリンブルク行きとなった。

途中のメクデシュプルング駅では旧型のノスタルジックな気動車との列車交換があり、ゲルンローデに 16:49 到着、この蒸機はここの車庫が基地のようだ。 クヴェードリンブルクに 17:15 着、ハルツ全線走破の旅はここで終了。

型式 187 011-2 気動車

メクデシュプルング Mägdesprung 駅

クヴェードリンブルク駅に到着、機廻しをして再出発

ゲルンローデとクヴェードリンブルク間は、DB 路線の廃止により、ハルツ狭軌鉄道が譲り受け、軌道幅 1000 mmの狭軌路線に置き換えられた 廃止された標準軌道 1435 mmの路線が少しの区間だが撤去されず、放置されていた

駅舎

ゲルンローデ駅の車庫

ゲルンローデには小さな博物館があるが、土曜日のみオープン

GERNRODE (HARZ)

ゲルンローデ Gernrode 駅

256

世界遺産の街 Quedlinburg クヴェードリンブルク
マルクト広場の夜は更ける。

クヴェードリンブルクの司教座教会（聖セルバティウス教会）、並びにシュロスベルク（城山）とほとんど戦災を受けなかった木組みの家々が残る旧市街は、1994年に極めて重要な文化財であると評価され、ユネスコ世界文化遺産に登録されている。マルクト広場には市庁舎(Rathaus)や案内所 i 、広場に張り出したレストランやカフェのオープン席にはカラフルなパラソルが開く。この広場に面した1748年創業の歴史的な木組みの建物を活用したホテル、ツム・ベーアを予約している。ホテルのテラス席でディナーを楽しもうという魂胆だ。夜が更けると広場は赤いネオンで一段と美しくなり、夜警のガイドツアーも忙しくなる。

マルクト広場の夜

258

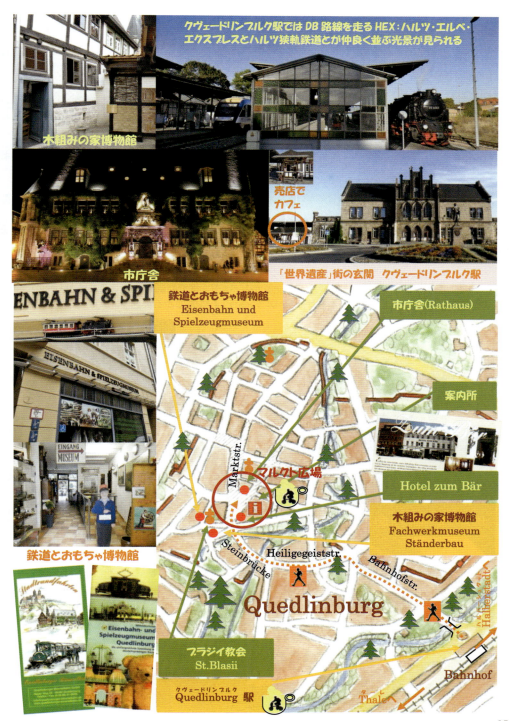

ハルツ・エルベ・エクスプレス
HEX: Harz Elbe Express

　民営化された私鉄、ハルツ・エルベ・エクスプレス（略称：HEX）はドイツ鉄道から路線を借り、ハルツ地方の旅客輸送を担い、今までの DB ドイツ鉄道が運行していた普通列車 RB(Regionalbahn)に代わり、近距離旅客輸送を行っている。

　ドイツ鉄道は ICE,IC,EC 等の列車について、「長距離列車を予定通りの時間に到着させる」というある目標を立てているらしいがとんでもなく怪しく、乗り継ぎに余裕を持たせた計画が必要である。 それに比べて民営化された地方のローカル鉄道は時間通りの運行をしているので、日本感覚で乗車できるのが嬉しい。

　HEXは9系統の運行路線を保有し、世界遺産の街、ゴスラーやクヴェードリンブルク、ハルツ狭軌鉄道の始発駅で木組みの街並みが美しいヴェルニゲローデ、季節運行の SL 保存鉄道や民営貨物列車が数本/日走るリューベラント鉄道のあるブランケンブルク、ハルツの魔女が住むターレ等を繋いでいる。

　金曜、土曜と日曜日には、ゴスラーやターレからベルリンまで直通運転をするハルツ・ベルリン・エクスプレスも運行し、例えば、ゴスラーとベルリンを約 4 時間で走る快速ランナーなのだ。

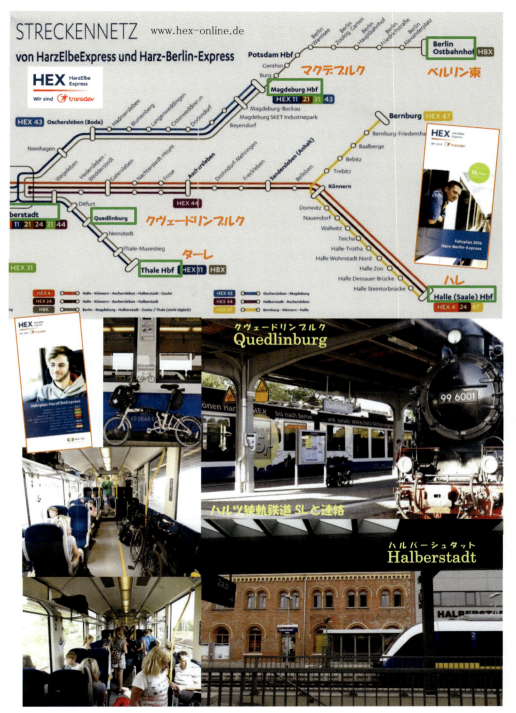

12、リューベラント鉄道　保存 SL と貨物路線　編
Rübelandbahn

　ハルツ地方というと、ハルツ狭軌鉄道がヴェルニゲローデから「空飛ぶほうき魔女」の住むブロッケン山(標高 1142m)に蒸機を走らせ、年間を通じて定期運行していることで良く知られている。なんと、ヴェルニゲローデから東へ約 13 kmの所にあるブランケンブルク(Blankenburg(Harz))の町にも蒸機が走るリューベラント鉄道(Rübelandbahn)がある。

　保存鉄道なので季節運行(2 月から 12 月まで 2〜5 回/月)の特別運転日のみとなるが、ハルツ・エルベ・エクスプレス(HEX)が発着するブランケンブルク駅から、蒸機の牽引する列車がリューベラント(Rübeland)駅までの距離約 14.4 kmを、乗車時間 40 分(片道)で走る SL 旅が楽しめる。

　このリューベラント鉄道は、Halberstadt-Blankenburger 鉄道会社(HBE)によりハルツ地方の鉄道として 1884 年から 1886 年に建設された。鉄道の名称は 1965/66 年電化されたときに付けられたようである。当初の区間は、ブランケンブルクからタンネ(Tanne)までの約 30.6 kmと途中駅エルビンゲローデ(Elbingerode(Harz))から分岐してハルツ狭軌鉄道の駅、ドライ・アンネン・ホーネ(Drei Annen Hohne)までの約 5.7 kmの路線を保有し、その高低差は 300mを超え、最大勾配は 60‰(パーミル)、建設当初は一部路線にアプト式を採用するほどの勾配路線であった。

　1920 年には馬力の大きい蒸機が導入され、更には一部の区間では路線の移設が行われ、勾配が改善されたため、アプト式は必要ではなくなった。その後、リューベラント周辺の石灰石の採掘が拡大されたため、路線の電化と同時に駅や線路、保全設備の改築がされた。

　日本の旧信越本線の碓氷線、碓氷峠のアプト式区間はこのリューベラントで採用されていたアプト式の区間を参考に建設されたのである。

　今では、エルビンゲローデ駅の少し先の分岐から、ドライ・アンネン・ホーネまでの路線と、少し先のケーニッヒスヒュッテ(Königshütte)の手前からタンネ(Tanne)までの路線は廃止されているが、ブランケンブルクからリューベラントまでの間で保存鉄道の蒸機を走らせている。1950 年 9 月から 1969 年 10 月までブランケンブルク機関区に配置されていた蒸気機関車(型式 95 027 号機)は 2010 年に故郷に戻り、北ドイツで最も急勾配の一つであるこの区間を走り、メロー人生を楽しんでいるのである。

　60‰の勾配区間ともう二つ、鉄道ファンには堪らないことがある。一つは、なんと途中勾配区間に入る前にスイッチバック路線があり、蒸機は機廻しをして再び連結、進行方向が変わるのである。もう一つは、このリューベラントには石灰石の採石場、石灰工場が数か所稼働し

ていて、その輸送に貨物物流会社、ハーフェルラント鉄道 (hvle:Havelländische Eisenbahn)の長い貨物列車がホッパー車を連結し、前後に電気機関車を配置し、この勾配区間やボーデン川に沿って連続したカーブを走る様は鉄ちゃん向けで、なかなかのもの。 撮り鉄心をくすぐれられること請け合いである。 リューベラント駅の信号所で係員に貨物列車がいつ走るのか聞いてみたが、「フリー」という答えだったので、不定期に運行されるようだ。 私はリューベラント駅で数時間も粘ってやっと撮影できたので、数回/日運行しているに違いない。

　リューベラントを訪れた時に立ち寄ってほしい、ドイツで最も美しいと言われる鍾乳洞が駅近くに二つある。 一つは、バウマン鍾乳洞(Baumannshöhle)、もう一つは私が訪れたヘルマン鍾乳洞(Hermannshöhle)、この洞窟は道路建設時に作業員のAngersteinによって1866年に発見され、後に探検家Hermann Crotrianの名前が付けられた。 南ヨーロッパの研究家が持ち込んだサンショウウオが洞窟内の池に住みついている。 双方とも案内ガイド付きの見学ができるので訪れて欲しい。 ヘルマン鍾乳洞を見学したが、ツアーガイド(ドイツ語)があり、訪れる価値は十分ある。 注意して欲しいのは、洞窟の内部は撮影禁止、夏でも寒いので長袖かウインドブレーカー、短パンでなく長ズボン着用をお勧めする。 ちなみに私は半袖にアームウオーマは良いが、短パンスタイル、寒かった。

リューベラント鉄道 Rübelandbahn 路線フロー
保存鉄道 SL と hvle 鉄道の貨物列車が走る！

Blankenburg駅と街散歩
今日は宿に直行、一人ディナータイム

ヴェルニゲローデからハルツ・エルベ・エクスプレス(HEX)に乗車し、ハルバーシュタット(Halberstadt)で乗り換えてブランケンブルク着。終着駅は始発駅方式の行き止まり、石造りの歴史ある建物だが廃墟で使用されていないのが残念である。 煉瓦造りの信号棟があり、列車の運行管理はしているようだ。

今日のホテルはホテル・ビクトリア・ルイーゼ、街とブランケンブルク城の景色を眺めることができる貴族の館。 テラス席での夕食はトマトスープ、サーモン、サラダ、地元のビール銘柄で人気のハッセレーザー。 夕焼けが美しい。 翌朝、10:00オープンの案内所 i に行き、街の案内パンフレットと地図を入手、さあブランケンブルク城(小さい城と大きい城と呼ばれる二つの城)に行ってみよう。 案内所横のバロック様式庭園のある Small Castle に立ち寄り、丘を登ると Great Castle に着く。

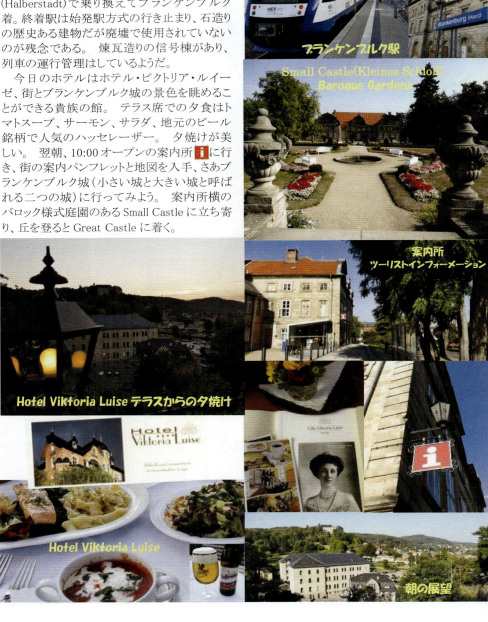

ブランケンブルクのマルクト広場
市庁舎前には鉄道模型店があるぞ！
さあ、リューベラントへ

　ブランケンブルク城（大きい城）から小道を下ると教会、マルクト広場に出る。市庁舎の前には鉄道模型店。駅からのバス停マルクト(Markt)があるが一日の本数が少ない。ランゲ通り(Lange Straße)の商店街を抜け、ブランケンブルク駅に向かう。駅前のバス停からエルビンゲローデ(Elbingerode)行き(No.258 系統)に乗車、リューベラントで下車、リューベラント駅周辺でちょっとマニアックな貨物列車の撮り鉄に挑戦してみようという魂胆である。

市庁舎

マルクト広場の市庁舎と
鉄道模型店 Lokschuppen

ブランケンブルク駅前のバス停

リューベラントへのもう一つのアプローチは、ヴェルニゲローデ Hbf のバス停からエルビンゲローデ・マルクト (Elbingerode Markt) 経由アルローデ・ローゼンヴェーク (Allrode Rosenweg) 行きのNo.265系統に乗車すれば、リューベラント・トロップフシュタインヘーレン (Rübeland Tropfsteinhöhlen (リューベラント鍾乳洞)) バス停に約30分で着くので便利である。 帰りは Hotel Restaurant Bodetal の前にバス停があり、泊まるのも良い。

Rübeland の田舎町へ
hvle ハーフェルラント鉄道の貨物列車
(hvle:Havelländische Eisenbahn)

ブランケンブルク駅のバス停からエルビンゲローデ(Elbingerode)行き(No. 258 系統)に乗車し約 25 分、Rübeland Tropfsteinhöhlen バス停で下車。 ボーデン川(Boden)の渓谷沿いに開けた小さな町だがカフェ、レストラン、ホテル等があり、貨物列車を狙って丸一日のんびり過ごせそうである。

バス停から少し戻るとリューベラント駅、歴史ある石造りの駅舎であるが、旅客輸送はしていないので廃墟となっている。 横には監視棟(信号所)があり、スタッフが出てきたので貨物列車の運行時刻を聞いたが、不定期のようである。 駅で粘っていると、構内作業用のディーゼル機関車がトコトコやって来て信号所の前で停車、昼の弁当を届けに来たようだ。 信号所のスタッフが嬉しそうに受け取ると、ディーゼルは戻って行った。 その後 4 時間も粘り、やっと hvle 鉄道の貨物列車が来たのだ！ 連写で追い掛け開始。

270

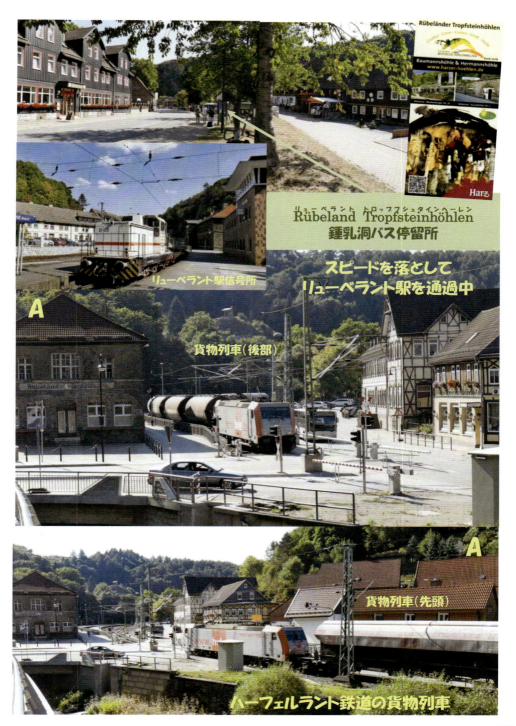

リューベラント駅を通過中

民間の貨物物流会社、ハーフェルラント鉄道(hvle:Havelländische Eisenbahn)の保有する機関車(ディーゼル、電気)は総数約 40 基、リューベラントで出会ったのはボンバルディア製 BR TRAXX 185、3 基保有している。
　(型式:E185　、最高速度:140 km/h、重量:85トン、出力:5600kw/7600ps、全長:19.9m)

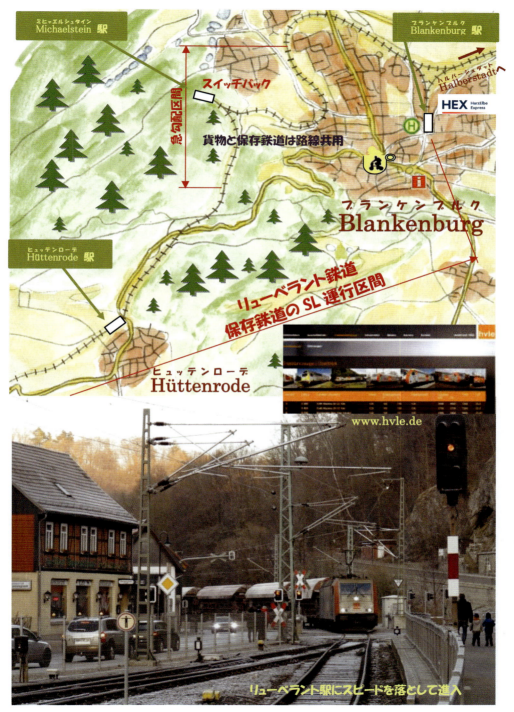

Rübeland 鉄道の蒸機
クリスマス急行(Weihnachts Express)

　ブランケンブルク(Blankenburg)駅に、蒸機は客車を先頭にバックで入線である。 入線路線の横には古びた車両基地があり、客車を整備保管している。 12/03(土)の特別運行日はクリスマス急行(Weihnachts Express)である。

　ブランケンブルク駅を出発し、リューベラント(Rübeland)駅までの約14.4km、40分の乗車となる。 急勾配区間を走るので、途中ミヒャエルシュタイン(Michaelstein)駅ではスイッチバックが見物、鉄ちゃんには嬉しいお楽しみ路線。

　蒸機は標準軌(1435mm)の95型027号機と95型6676号機の2機種を保有している。 タンク式ではドイツ最大級の蒸気機関車であり、急勾配区間の後補機として使用されていた機種。 ここリューベラント鉄道で復活し、2月〜12月迄の特別運行日には、客車2両を牽引し、勾配区間を喘ぎながら煙と蒸気の共演を見せてくれるのだ。

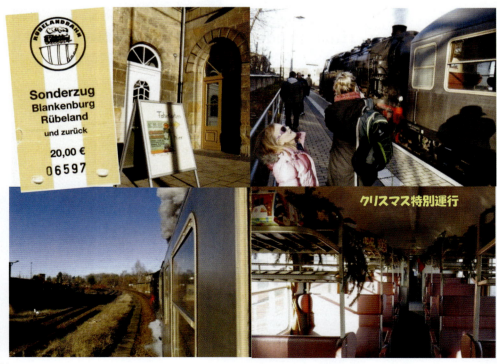

274

ブランケンブルク駅の信号所

ブランケンブルク駅

Rübeland 鉄道の蒸機に乗り鉄
ブランケンブルク(Blankenburg)駅から急勾配区間を駆け上り、
リューベラント(Rübeland)駅までの往復乗車

急勾配区間 煙と蒸機の共演

スイッチバックの駅 Michaelstein(ミヒャエルシュタイン)

客車を切り離し、機廻し作業 ここからが前向きスタイルとなる

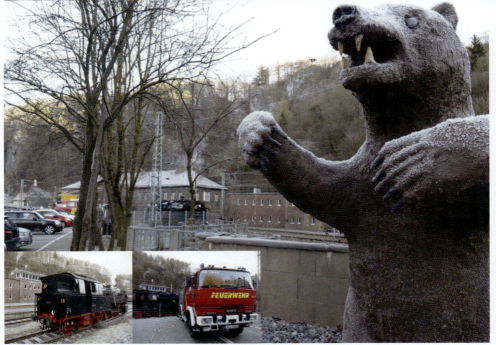

急勾配区間から山越えをし、路線は下りとなり、リューベラント駅の手前に近づくと、路線とボーデ川に挟まれたところに機関庫がある。この機関庫は旧路線にあり、リューベラント鉄道振興協会 (Förderverein Rübelandbahn e.V.) が運営している。 機関庫は 3 月～10 月まで、特別運行日の 10:00～18:00 には見学できるようだ。

　リューベラント駅では機廻しをし、なんと消防車からホースを接続し、給水を受けるのだ。 作業のスタッフの一人が架線に棒を吊るす作業を始め、見上げているが意味不明である。

　作業をしている傍には小さな公園、熊さんの洞窟公園 (Höhlen-Park) があり、大きな熊が迎えてくれる。 軽食・スナックの店もあり、ここでも熊が出現。 道を挟んで対面には洞窟、バウマン鍾乳洞 (Baumannshöhle) がある。

ボーデン川に沿って、間もなくリューベラント到着

ボーデン川に沿った車窓の左側に蒸機の機関庫

リューベラント駅到着　機廻し作業を開始

279

ドイツ最大級のタンク機関車（95型027号機）
クリスマス急行の一日
リューベラントからブランケンブルクへ帰途

振り向くと、夕焼け空に、煙の芸術が！

蒸機は暗闇の中に消えて行った。（リューベラント駅）

リューベラント駅　出発準備完了

"Schlossweihnacht"

大きい城(Großes Schloss)の中庭では、城のクリスマス祭りが開催

教会の階段と城への小道は手作りろうそくが点灯し、足元を明るく照らす

　駅で SL を見送り、余韻を楽しみながら、ろうそくの明かりに照らされた教会の夜道を歩き、大きい城(Großes Schloss)に向かった。 城門を入ると中庭では地元の住民でいっぱい、ビール、ホットワインで祭りを上品に楽しんでいるのだ。

　訪れたこの 12 月 2～4 日(2016)は、城内では"Schlossweihnacht"(城のクリスマス祭り)が開催され、この日を楽しみにしていた様子である。 ここ小さな町ブランケンブルクでは、市庁舎前にあるマルクト広場のクリスマスマーケットは、12 月 9～18 日(2016)迄なので注意して欲しい。

あとがき

1、ドイツ保存鉄道の魅力に惹かれ―訪れた足跡―

蒸機の煙やドラフト音、汽笛は懐かしい音を私達に思い出させてくれる。 また、第二の人生、メロー人生を頑張っている蒸機のその姿は、私達に生きる勇気をも与えてくれる。 そんな魅力ある「保存鉄道、蒸気機関車旅に出かけてみよう！ きっとまた新たな魅力が待っているに違いない」そう予感していた。

(1)ブレーメンと近郊の町
ブレーメンの音楽隊が目指した帝国自由都市ブレーメンは、ハンザ同盟に参加しヴェーザー川の水運で栄えた街、その郊外に今なお保存鉄道として走り続ける蒸気機関車の牽引するノスタルジックな列車がある。 また、戦後のローカル線に導入され、近代化として蒸機に代わり活躍した赤いレールバス(気動車)達も、第二のメロー人生を謳歌し走り続けている。
ヴェーザー川に注ぐ支流のアラー川沿いの町、フェルデンにはディーゼルの軽便鉄道も走り、ボランティアにより大切に保存され、私達を温かく迎えてくれる。

(2)メルヘン街道を流れるヴェーザー川沿いの田舎町
メルヘン街道には「ハーメルンの笛吹き男」で良く知れたハーメルンの街、ミッテルラント運河とヴェーザー川が交差する珍しい水路ジャンクションがある。 牧歌的な風景の中に風車や水車等の文化遺産が保存されているミンデンとその周辺の町には、蒸機やディーゼル機関車、レールバスが特別運行日にはピカピカに磨き上げられて乗車客を待つ。

(3)魔女の住むハルツ地方
ドイツ中部のハルツ山地、木組みの家並みが美しいヴェルニゲローデの街から、この地方の最高峰である標高1141mのブロッケン山へと年間を通じて定期運行しているSL狭軌鉄道がある。 鉄道ファンなら知らない者はいない蒸気機関車の聖地でもある。
ここへは魅せられ幾度と訪れているが、やっとブルースカイに恵まれ、オープンデッキ車両に乗れるというサプライズがあった。 ハルツの香り風は石炭の煙風とハルツの緑風がミキシングされ、癒し風となった。
そんな中、魔女からハルツ山地、東の裾野にあるブランケンブルクにも蒸気機関車が牽引する保存鉄道の列車があると聞いた。 保存鉄道は特別運行日のみの運転となるが、なんとリューベラントにある石灰石の採掘場と石灰製造工場から石灰の出荷に、民間の貨物物流会社が運営する貨物列車が走ることを知ってさっそく追いかけることにした。

2、ドイツ保存鉄道を訪ねる旅

ドイツ保存鉄道時刻表(Verlag Uhle ＆ Kleimann 発行)では、ドイツの保存鉄道と鉄

道博物館は全州の大小を合わせると、約250か所もあるそうだ。 今までに訪れた保存鉄道（蒸機やディーゼル機関車の牽引するノスタルジックな列車、レトロな赤いレールバス）や鉄道博物館は約50か所。全て訪問できるのは何時のことやら。

　前回は蒸気機関車の宝庫であるザクセン州、今回はブレーメン州とニーザーザクセン州のメルヘン街道、ヴェーザー川沿いのローカルで癒される保存鉄道、ハルツ山地のハルツ狭軌鉄道を訪れた。 次回はヘッセン州のフランクフルトから南ドイツへ、バイエルン州とバーデン・ヴュルテンベルク州にと、夢見る日が続くこの頃である。

3、旅することは生きること

(1)思い切って路を変えてみよう！
　60歳定年を迎えたとき、自分に問いかけたことがある。それは「仕事は前向きに努力してきたのでもう良いか、自分にご苦労さんと言ってあげよう。 今までの幾十年よりも今からの十年の方が大切である。 そうだ思い切って路を変えてみよう。人生は一回しかないぞ」とつぶやいてからはや8年になろうとしている。

　趣味であった自転車・鉄道・カメラという三つのベクトルを組み合わせると、旅という一つのジャンルが見えた。 そうだ、旅に出かけよう。子供の頃の自分に戻ってみようと、蒸気機関車の追いかけから始め、今では保存鉄道にまでジャンルが広がった。

(2)我が人生の生き方はこれだ！
　訪れた保存鉄道では、今なお走る蒸気機関車に出会い、機関士や車掌、作業員やボランティアスタッフの愛着ある仕事への取組みと底抜けに明るい笑顔に接する。 こんな出会いがきっかけで保存鉄道の旅に嵌っているが、ふと気が付くと、「旅することは生きること」という人生の目標に至っていた。

4、まとめ

　本書の前編では、蒸気機関車やディーゼル機関車の牽引するレトロな列車、赤いレールバス、軽便鉄道を主体とした保存鉄道を紹介しているが、後編では、鉄ちゃんに人気のハルツ狭軌鉄道の全線乗車、ブロッケン山の登山等を徹底取材し、データ満載にまとめている。 皆様の旅スタイルに合わせて必要データを取り出し、自分なりの旅スタイルを楽しんでほしいという応援本にしたので、是非活用して頂きたい。

　今回の出版では、ドイツに留学と在住経験のある友人、深井理人氏にはドイツ語の和訳に協力を頂いた。 また、海外鉄道研究会の山下利彦氏には保存鉄道の歴史や路線地図についての情報提供を頂いた。 この場を借りて両氏に心から感謝申し上げる次第である。

　ビジネスマン時代からの夢、「ロマンティック街道自転車旅」、「ドイツザクセン州蒸気機関車旅」に続く旅シリーズの第三弾「ドイツ保存鉄道の旅」は、家族の協力なしでは達成できなかったことであり、妻に感謝したい。 そしてドイツの皆さん、旅を本当にありがとう。

2017年初秋　　田中貞夫

～ドイツの鉄ちゃんは
こんなにも進んだロコモゼーションを楽しんでいるのだ～

　我等の　Mr.鉄ちゃんこと田中貞夫氏は、今から百四十年前、歴史と伝統あるドイツ機械文明の揺籃期にドイツ全土の鉄道網を走った蒸気機関車、そして八十年以上前から走り出した古いディーゼル気動車に乗りこむ。　ドイツ全土にはなんと 250 カ所も鉄道博物館や季節・定期運行の保存鉄道があり、日本人にとっては羨ましい限りなのだ。　当時のまま大切にされ、層の厚いドイツ鉄ちゃんボランティアらが車体の隅々まで手入し、動態保存し、更に特別運行日にはドイツの鉄ちゃんに楽しまれていることを日本の鉄道ファンへ提言したいのだと氏は語る。

　そしてドイツ鉄ちゃん旅の楽しさを存分に味わいたい気持ち、そして未だ進まない日本の鉄道文明に歯がゆい思いをいだきながら保存鉄道を旅し、前書である※）ルポルタージュ本 2 冊をしたためた。　それに続く3冊目となるのが本書である。（ぜひ前書2 冊と合わせてのセット購読をお勧めしたい。）

　しかしながら未だ満足に至らず、今年九月にはなんと三十数回目のドイツ鉄ちゃん旅へ訪独すると言う本格派鉄ちゃんなのである。

　訪独模様の一例を紹介すると、ある時は Mr.乗り鉄の氏であり、機関士の手招きを得て保存鉄道の機関室に乗り込み、堂々としたプロの手捌きや目くばりに感心しながらもボイラーの様子などの撮影に成功。　言葉による意思伝達はままならないにも関わらずお互い共通の感覚をもとにしっくりと意思疎通にも成功している。

　またある時は撮り鉄であり、自転車鉄で駅から遠い撮影ポイントに英国製折り畳み自転車ブロンプトンでむかい待ち構え撮影。　またある時は単線引き込み線に一両ずつ手押しでドイツの鉄ちゃんと助け合い。　国籍は違っても鉄ちゃん同志の思いは共通しているらしく、毎回さまざまな機関車旅をしては満足そうに帰日報告をうける。

機関車が行く瞬間。

（本書文中より抜粋）
「辛抱強く待って、待ち疲れたころに遠くから微かなドラフト音とブラスト音が聞こえ、スチームロコモウティブがだんだん近づいてくる。　手が震えるほどに心が躍る。夢中で撮り続ける。煙の匂い、あとの余韻に残る高揚感が心地よい。そしてまたしんとした静寂に戻る。」

　　　　　　　　　　大カーブ踏切、実に撮り鉄の興奮の一席である。

3人の縁がつながって出版へ至る

　ドイツの会社に長く務めた軍さんこと小山軍治博士は、田中氏とはドイツの環境展で人を介して知りあい、お互いなんとなくウマがあって、共通する分野のお陰で交友が始まり二十七年。

　田中氏は時々軍さんにくっついてくる軍さんとは竹馬の友である大橋が小さな出版

社であることを知る。 そんな縁もあり、何度となく 3 人で酒を酌み交わし酌み交わすうち、気がつけばドイツの鉄ちゃん事情を本にして出版したいという氏の情熱に後押しされ、ついに当社からの出版が実現した。

そして既に2011年と2015年に出版された2冊はともに日本図書館協会の推薦図書として認定された。 縁つながりの者として誇りに思う。

ドイツ文明と鉄道。

ドイツ鉄道の優れた環境はドイツ人と鉄の長い歴史、交わりに裏づけられている。 地球組成の 37%を占め地球で最も多い原素といえば鉄。この鉄があらゆる生活の場面で、ドイツの暮らしと深く絡み合っている。その歴史と伝統の総合的な重さがドイツの重み。

五感で実感できるものからスタートし、それを抽象概念まで発展させた芸術や哲学を持つドイツ文明は世界文明の中で重鎮と言える。 140 年前からドイツ人が生活の一部として使っていた鉄道、中で最も頼もしい存在、蒸気機関車に今のドイツ人は遺伝子を受け継いで、鉄ちゃんの層は日本の何倍も厚い。 その反映として保存蒸気鉄道路線の運行は日本の何十倍もある。狭軌から標準軌その反対への車体乗せ換えが簡単にやれる単純なシステム。 オープンカーになっている客車や少人数で乗って自分で走るレールトラバント、同じくトロッコディーゼル。

プロ鉄道マンと鉄ちゃんボランティアが共に保存鉄道を運営する路線があっちこっちにあり、地域活性化に大きく貢献している鉄道と人間の交わりが日本とは格段に違う。日本の鉄道文化や鉄道行政が大きく考え直さねばならないことをこの本は無言で語っている。

ドイツの鉄道事情をここまでつぶさに見聞撮影している本書の存在は、単に物好きでは済まない。 日本の鉄道文化そのものに、根本からの考え直しを迫る純粋なこころを田中氏は持っている。

ドイツの鉄道に憧れをもちながら氏の相棒、大橋は本書を手に遙か遠いドイツに思いを致す。

（株）アトム代表　大橋十玖仁　記

※）

折り畳み自転車で街道を全走破、今も現役のレトロな蒸気に出会う。
2011 年 （株）アトム　発行

ザクセン州は蒸機の宝庫、ドイツ観光局が勧める蒸気機関車ルートを訪ねる。
2015 年 （株）アトム　発行

全国有名書店　Amazon にて好評発売中

著者紹介

田中貞夫(たなか　さだお)

1948 年 11 月	和歌山県和歌山市生まれ
1971 年 3 月	東京理科大学工学部機械科卒業後、大手企業に就職。
	プラントエンジニアリング、機械設計に携わり、破砕・粉砕・選別・造粒に関する技術開発を行う。特にプラスチックのマテリアル及びサーマルリサイクルプラントを専門とし、環境分野に於いて環境先進国ドイツより日本市場へ技術導入を企画提案。
	数々の資源有効活用への納入実績を持つ。
2008 年 11 月	定年退職
	予てからの"夢の実現"へドイツ自転車道の旅を開始
同 11 月	英国チェルトナムに遊学しホームステイを体験
	イギリスの原風景が残るコッツウオルズ地方のサイクルポタリングと蒸気機関車保存鉄道を訪ねる。
2009 年 6 月	新緑のドイツロマンティック街道自転車道、メルヘン街道のヴェーザー川自転車道を折畳み自転車で約一ヶ月の一人旅、蒸気機関車保存鉄道の追い掛けをして子供の頃にタイムスリップ。
2010 年 3 月	冬のロマンティック街道自転車道を旅
	銀世界に浮かぶノイシュヴァンシュタイン城と大雪原にポツンと小さな教会が忘れられない。
同 5 月	タンポポの季節にマイン川とタウバー川自転車道を旅、ヴュルツブルク近郊の保存鉄道レールバスに乗車＆葡萄畑を駆け抜け、ドイツの春を感じる。
2011 年 7 月	南ドイツ「ロマンティック街道旅」 自転車＋鉄道＋バス 出版
2012 年 7 月	南仏/プロヴァンスのラベンダー街道、ドイツ/ウルム近郊の蒸気とレールバスの乗り鉄・撮り鉄、ドナウ川自転車道のショート旅
2013 年 4～5 月	ドイツザクセン州「ドレスデン蒸気機関車フェスティバル」、蒸気機関車・レールバスの追いかけを開始
2014 年以降 2017 迄	ドイツに加え、ポーランド、チェコ、デンマーク、オランダと SL や保存鉄道の魅力に嵌り、2 回/年(春と秋)訪れている。

ドイツ保存鉄道

2017 年 10 月 20 日　初版第 1 刷発行
文・写真・イラスト・編集　　田中貞夫
　　　　　　　　　　E-mail : tkmsk2011@yahoo.co.jp
　発行者　　　　　大橋十玖仁
　発行所　　　　　株式会社　アトム
　　　　　　　　　〒252-0301 相模原市南区鵜野森 1-30-3-814
　　　　　　　　　TEL＆FAX：042-705-2327
　発売元　　　　　株式会社　星雲社
　　　　　　　　　〒112-0012 東京都文京区大塚 3-21-10
　　　　　　　　　TEL：03-3947-1021

ⓒSadao Tanaka 2017 Printed in Japan
乱丁・落丁の場合はお取替えいたします。
ISBN978-4-434-23837-6